ENSEÑANZAS DE MI LAMA

Gueshe Tamding Gyatso

Por
Isidro Gordi

Ediciones Amara. Ciutadella de Menorca

Publicado por vez primera en 2012
por Ediciones Amara. Ciutadella de Menorca.

ISBN de la obra: 978-84-95094-43-8
Depósito legal: ME. 265-2012
Talleres Gráficos Vigor, S.A.
08980 Sant Feliu de Llobregat (Barcelona)

Contenido

Agradecimientos

El libro que el lector tiene en sus manos es el resultado de la encomiable bondad y sabiduría de mi Maestro, el Venerable Gueshe Tamding Gyatso que a lo largo de muchos años impartió en Menorca muchas enseñanzas provenientes de las escrituras clásicas.

Un agradecimiento especial a mi esposa, Marta Moll, por estar siempre a mi lado corrigiendo y mejorando los libros que salen publicados en Ediciones Amara. Y por último a mi amiga del corazón Federica Mahieu, por tantos años de apoyo.

Isidro Gordi
Son Gall
Ciutadella. Últimos días de 2011

Introducción

Buda Sakyamuni era un ser ordinario, como cualquiera de nosotros, que eliminó sus engaños y alcanzó la Iluminación siguiendo un sendero interior. Aunque recorrió toda la India dando cientos de enseñanzas, la esencia de todas ellas se encuentra en los *Tres Senderos Principales del Camino*, un texto compuesto por Je Tsong Khapa (1357-1419) basado a su vez en la obra *Una Luz para el Sendero*, del gran Atisha (982-1054).

Lama Tsong Khapa[1] recibió la enseñanza de *Los Tres Senderos Principales* directamente del Buda Manyushri -manifestación de la sabiduría de todos los Budas. En realidad, todo lo que Lama Tsong Khapa enseñó a lo largo de su vida le había sido revelado por Manyushri. Al principio, Lama Tsong Khapa entraba en contacto con la deidad a través de un intermediario, Lama Umapa. Eventualmente, él mismo se comunicaría con Manjushri.

En el Tibet ocurría entonces que algunos Maestros del pasado habían malinterpretado las enseñanzas referentes a la vacuidad, y así se lo hizo saber Manyushri a Tsong Khapa. Aquella transmisión reformó las enseñanzas existentes del vacío. Tsong Khapa pasó el linaje de los *Tres Senderos Principales del Camino* a su pupilo, Ngawang Thagpa, quien a su vez lo trasladó a sus propios estudiantes, llegando de manera interrumpida hasta Pabongka Rimpoché, Song Rimpoché y

---

[1] Una deidad se puede manifestar ante su discípulo en sueños, entrando en su consciencia mental, o mostrarse directamente. Je Tsong Khapa veía directamente a Manyushri y éste le daba enseñanzas.

Triyang Rimpoche, Maestros de Gueshe Tamding Gyatso (1927-2002) transmisor de las enseñanzas de este libro.

Se dice de Lama Tsong Khapa que se conjugaban en él tres cualidades iluminadas: poseía la compasión de Chenrezig, la sabiduría de Manyuhsri y el poder espiritual de Vajrapani. Nació en Amdo en 1357, y de la sangre que se derramó de su cordón umbilical brotó un árbol de sándalo en cuyas hojas aparecían imágenes de budas. Desde entonces ese lugar se conoce con el nombre de Kum Bum o Cien Mil Imágenes.

A la edad de tres años Tsong Khgapa recibió de Chuje Karmapa Rolpe Dordge la ordenación básica bajo el nombre de Kunga Nyingpo; a los siete años tomó los votos de monje novicio de su Maestro Dondrub Rinchen, quien le educó desde aquel momento hasta que llegó a los diecisiete. Su nombre de novicio era el de Lobsang Drakpa. Entonces se trasladó a Lhasa donde recibió enseñanzas de Maestros de las tres tradiciones de la época: nygmas, sakyas y kagyus. Falleció en Ganden en 1419.

La esencia de su biografía espiritual sería la siguiente: empezó estudiando y escuchando numerosas instrucciones, adoptó esas enseñanzas como un consejo personal, contemplándolas y meditando en ellas continuamente, por último las practicó de día y de noche sin interrupción, hasta llegar a la Iluminación en el estado intermedio para dar un buen ejemplo.[2]

---

[2] Para llegar a la Iluminación es preciso entrar en el sendero tántrico en el que, llegado el momento oportuno, el practicante toma una consorte o Mujer de Conocimiento(Skt: *karmamudra*). Para impedir que sus monjes se implicaran en esta práctica antes de tiempo e incurrieran en una grave falta, Tsong Khapa se Iluminó en el bardo sin haber tomado una consorte en vida. Guru Rimpoché, en cambio, mostró otra manera de Iluminarse apoyándose en una Mujer de

Tener realizaciones espirituales no es nada fácil, necesita del esfuerzo constante y de una mente tranquila. El objetivo de todas las enseñanzas que dio el Buda es separarnos de la insatisfacción y ayudarnos a experimentar felicidad. Nadie va a conseguir este reto por nosotros. El Buda nos proporciona sus enseñanzas, pero recorrer el sendero depende únicamente de nuestro esfuerzo. La vastedad de las enseñanzas del Buda hace imposible llegar a conocerlas todas. Pero estudiar los *Tres Senderos* nos permite comprender la esencia de todo su legado y, lo más importante, interpretar de manera incontrovertible que Buda es nuestro legítimo protector.

El objetivo de la enseñanza de Sakyamuni Buda fue ofrecer al mundo un método para eliminar la insatisfacción de la mente. Él enseñó a sus discípulos cómo obtener la liberación y superar los engaños mentales. Estamos moralmente obligados a esforzarnos en poner en práctica la herencia que dejo para todos nosotros.

Las situaciones dolorosas nos afectan de distinta manera, en el plano físico o mental. Excepto en los casos más extremos, el dolor físico puede ser combatido, pero el sufrimiento mental arruina al ser humano, puede llegar a ser mucho más mortificante y difícil de atenuar ya que sólo se supera desde la propia mente, no por medios externos.

Actitudes como el odio, la envidia, el apego, la avaricia, o la ignorancia son responsables de nuestro malestar; sólo cuando dichas emociones aflictivas

---

Conocimiento, ingiriendo licor y llevando a cabo actos *aparentemente mundanos*. Llegado el momento, esas actividades pueden ser muy válidas para acelerar el viaje a la Iluminación, pero implicarse en ellas a destiempo, adoleciendo de las cualificaciones necesarias, es sumamente perjudicial para un practicante.

son definitivamente desplazadas vencemos el agobio constante causado por la insatisfacción y llegamos a la Liberación. El Dharma que explicó Sakyamuni Buda es la medicina que puede curarnos.

Y uno se pregunta "¿Qué hay de malo en sufrir un poco? ¡Es la sal de la vida! Un poco de sufrimiento hará que apreciemos más la felicidad cuando aparezca" Pero es completamente cierto que ante una experiencia desafortunada reaccionamos deseando con toda nuestra alma que pase cuanto antes. Queremos alejarnos de este dolor sea como sea, y si nos dieran a elegir entre permanecer en este estado o dejar de sufrir, la respuesta es obvia.

El sufrimiento no tiene nada de bueno, solo tiene algún sentido si sabemos qué hacer con él. Pero no podemos evitarlo porque forma parte de nuestra condición humana. Sakyamuni Buda señaló cómo usar el pensamiento cuando se producen situaciones adversas. Definitivamente, sin un método para combatirlo, el sufrimiento sólo produce desesperación.

La enseñanza budista procura el desarrollo progresivo de un ser ordinario hasta convertirlo en un Buda. Proporciona un camino espiritual que comprende prácticas para trabajar desde un nivel inicial, medio y superior, hasta llegar al estado de máxima perfección. Clasifica a las personas según tres facultades diferentes, presentando enseñanzas adecuadas a cada nivel.

Querer llegar al máximo nivel de perfección puede parecer pretencioso, podríamos quedarnos en un nivel medio... algo que fuera correcto, no demasiado perfectos, ni tampoco demasiado enfangados en el samsara. Estaría bien si no fuera porque en el samsara no se contempla este término medio. Si no dejamos de crear karma, seguimos dando vueltas en el samsara, como en una ruleta. Eso quiere decir que puedes caer en la casilla de un renacimiento desafortunado sin posibilidad de elección.

El practicante de capacidad inicial es el que comprende que la vida es corta y que, cuando muera, sin elección va a ser arrastrado por su karma hacia los diferentes reinos de existencia. Para obtener un cierto control sobre su futuro, se ejercita en las prácticas correspondientes a su nivel. Aplicarse en ellas le asegura una vida futura feliz y le protege de caer en los reinos de existencia desafortunada.

El practicante de capacidad media se da cuenta de que, aún obteniendo una felicidad futura como humano o en algún reino afortunado, sigue en el samsara. No se ha liberado de las emociones aflictivas y sus consecuencias, y por ello pone en práctica las disciplinas propias de este nivel, que son los tres adiestramientos superiores: ética, concentración y sabiduría.

Estas dos primeras motivaciones, o niveles de práctica, están exclusivamente centrados en el beneficio individual. Pero, practicar un sendero espiritual solo en beneficio propio no lleva a la Iluminación, el despertar completo depende de generar la motivación altruista conocida como bodhichita.

¿Tan necesario es preocuparse por los demás? Todos y cada uno de los seres sufren igual que nosotros, y desde un punto de vista atemporal, todos ellos han podido ser nuestra madre en un momento u otro del pasado infinito de vidas que hemos compartido. Sería ilógico no tratar de rescatarlos de su sufrimiento, del mismo modo que no dejaríamos en la estacada a nuestra madre actual.

Los métodos en los que se adiestra el practicante de capacidad superior tienen como objetivo combatir nuestro egoísmo y abrir nuestro corazón a las necesidades de los demás. Al darnos cuenta de que desde donde nos encontramos ahora no podemos ni ayudarnos a nosotros mismos, despertamos el sincero deseo de llegar al estado de un Buda para ayudar a los demás de una manera eficaz. Una vez generada esta motivación, denominada bodhichita, utilizamos las técnicas que transformarán nuestro cuerpo y mente ordinarios en los de un Ser Iluminado: las seis perfecciones, y el estado de generación y consumación tántricos.

Por medio del estudio y la rutina meditativa, estos tres niveles de motivación –que abrazan todas las prácticas del budismo– van creciendo en el discípulo.

¿Cómo pueden contenerse la inmensidad de enseñanzas que dio el Buda en estos tres apartados? Para alcanzar el estado de Buda necesitamos un sendero que contenga el *método y la sabiduría*, es decir, la mente altruista de la bodhichita, y la sabiduría que comprende la naturaleza última de los fenómenos, o vacuidad. Pero para obtener ambos, bodhichita y vacuidad, es imprescindible un tercer elemento: despertar la actitud de la renuncia. Sin el deseo de liberarnos nosotros mismos del sufrimiento, difícilmente llegaríamos siquiera a pensar en liberar a los demás.

Cuando reconoces la naturaleza insatisfactoria y dolorosa del samsara, nace el deseo de salir de él. Este deseo, intenso y constante, se conoce como *renuncia*. Del mismo modo que si te vieras rodeado de serpientes venenosas, el espanto te haría desear salir corriendo, comprender la naturaleza insatisfactoria del samsara producirá el apremio de abandonarlo. Si no nos damos cuenta de que estamos rodeados de serpientes, difícilmente concebiremos el deseo apremiante de apartarnos de ellas. Aplicado al samsara, si no nos sentimos amenazados por la existencia cíclica, en lugar de desear liberarnos, crearemos más causas para seguir atrapados.

Esos tres conceptos mencionados, renuncia, bodhichita y la sabiduría que comprende la vacuidad, son lo que se conoce como los *Tres Senderos*. Para practicar Dharma necesitamos afianzarnos en cada uno de estos tres senderos, de otro modo, nuestras prácticas no conducirán a Iluminación. Pero, apoyándonos en ellos, un diminuto acto virtuoso puede ser la causa para obtener la Liberación o la Iluminación.

La renuncia es la causa para salir del samsara, la bodhichita es la causa de la Iluminación, y la sabiduría que comprende la vacuidad es el antídoto a la raíz del sufrimiento.

Practicar Sutra o Tantra sin el apoyo de los tres senderos no produce resultados. En una ocasión Gueshe Puchungwa le preguntó a Gueshe Chengawa: "¿Qué prefieres, ser hábil en las cinco ciencias y poseer poderes sobrenaturales o dominar los Tres Senderos del Camino?". Gueshe Chengawa respondió sin dudar: "dominar los Tres Senderos". Los tres senderos han de estar unidos a nuestro ser, como la madre que no puede apartar de su mente el dolor de su hijo enfermo.

Los seres humanos podrían dividirse en dos grandes grupos: los que practican una religión y los que no lo hacen. Los seguidores de una religión, la que sea, deberían respetarse entre ellos y no caer en la crítica. Han recibido enseñanzas de sus guías espirituales y conocen perfectamente cómo funciona de la ley de causa y efecto. Les corresponde actuar en consecuencia y ser un ejemplo para los que no siguen un sendero. ¿Qué sentido tendría, a ojos de un escéptico, practicar una religión si ve peleas en el seno de esa comunidad? A nadie le apetece meterse en peloteras, nadie tendrá interés en adoptar un sendero espiritual salpicado por la polémica.

El budismo que se propagó en el Tibet contiene enseñanzas de los vehículos hinayana, mahayana y tantrayana. Existen cuatro escuelas de budismo tibetano: nygma kagyu, sakya y guelug. Todas ellas surgen de la misma fuente: Buda Sakyamuni. Seguir cualquiera de las cuatro escuelas puede llevarnos a la Iluminación. Pero, si en lugar de esforzarse en practicar, sus adeptos se dedican a discutir entre ellos, lo único que conseguirán es crear un karma negativo muy grave. Las consecuencias de convertir la religión en una bandera, haciendo un mal uso de ella son obvias. Tanto en la historia del Tibet como en la de Europa encontramos ejemplos lamentables.

En Occidente muchos budistas principiantes defienden con orgullo barbaridades como: "Mi escuela es la mejor". Lo hacen sin saber siquiera porque lo dicen, hablan de cosas que han escuchado, rumores tendenciosos que han oído. Para poder afirmar que una escuela es válida deben conocerse sus enseñanzas, hablar sin conocerlas denota una actitud muy perniciosa.

La manera de practicar Dharma es muy personal, no es bueno juzgar la pureza de la práctica de otro. Ni tan siquiera un Lama cualificado puede pronunciarse acerca de la práctica de los demás. Tu escuela o linaje debe estar al servicio de las personas, nunca al revés. Las enseñanzas del Buda deben integrarse a título individual, de modo que corrijan los aspectos negativos y molestos de la propia mente. La práctica no debe ser nunca utilizada como arma arrojadiza contra los demás. El Dharma tiene la capacidad infinita de ayudarnos no tan solo en esta vida sino también en las futuras, pero esgrimirlo para señalar los fallos ajenos, para dividir en vez de unir, convierte la enseñanza en un discurso político, y la política ensucia el Dharma.

Todas las cosas en las que nos apoyamos para llevar a cabo los asuntos de esta vida, tienen que ver con el cuerpo, y el cuerpo vamos a tener que abandonarlo al morir. Por lo tanto, estas cosas no nos servirán de mucho a la larga. El Dharma, en cambio, nos ayuda en esta vida y en las futuras.

No es bueno estar demasiado apegados a nuestro cuerpo, a nuestros bienes y a las personas que nos rodean. El cuerpo es como una posada y la mente, su huésped. No sabemos qué tipo de cuerpo tendremos en el futuro. Si renacemos en el reino animal, nuestras experiencias no serán nada agradables; tampoco serviría de mucho obsesionarnos por conseguir renacer con un cuerpo divino, ya que cualquier renacimiento en samsara, por agradable que parezca, es imperfecto. Actualmente gozamos de un cuerpo humano plenamente cualificado, un estado de renacimiento superior, consecuencia de acciones positivas previas.

Nuestro cuerpo actual sirve como base para experimentar el dolor del nacimiento, la vejez, la enfermedad y la muerte. Que este proceso deba repetirse inevitablemente una vida tras otra en un ciclo sin fin, se denomina samsara o existencia cíclica. ¿Quién es el responsable de esta situación? Nuestras propias emociones aflictivas.

El Nirvana, o Liberación, es un estado que se proyecta más allá de este ciclo ininterrumpido de tribulaciones, porque el ser ha erradicado completamente el karma que producen los engaños. No pensemos que es una quimera, con esfuerzo y meditación es posible disminuir el poder de los engaños hasta eliminarlos por completo. Si ahora son fuertes y nos arrastran es porque todavía no sabemos cómo aplacarlos.

La bodichita, la vacuidad y la renuncia, son las tres prácticas *o senderos* que han seguido los Budas del pasado, del presente y que seguirán los del futuro para alcanzar la Iluminación. Lama Tsong Khapa los denominó los *Tres Senderos Principales*, porque son la esencia de las enseñanzas del Buda.

El Lama de la tradición sakya, Jetsun Drakpa Gyaltsen, los llamaba, *Separarse de los Cuatro Apegos*, basándose también en una instrucción recibida del Buda Manyushri:

- El apego hacia esta vida
- El apego hacia el samsara
- El apego hacia los objetivos propios
- El apego hacia la visión errónea del aferramiento a la existencia inherente

Quien está apegado a esta vida, no es un buen practicante, si además está apegado al samsara, carece de renuncia; si se apega a los objetivos propios carece de bodhichita y si tiene un fuerte aferramiento a la existencia inherente carece de visión correcta.

La tradición kagyu presenta la misma enseñanza según los *Cuatro Dharmas de Gampopa*:

- Girar la mente hacia el Dharma
- Girar el Dharma hacia el sendero
- No cometer errores en el sendero
- Tomar la ilusión del aferramiento a la existencia inherente bajo el aspecto de la sabiduría.

Estas diferentes tradiciones presentan el mismo principio del Dharma con nombres diferentes. "Girar la mente hacia el Dharma" nos enseña a no tener apego hacia la vida presente y a generar un interés genuino en conseguir beneficios en las vidas futuras. "Girar el Dharma hacia el sendero espiritual" nos habla de que nuestra práctica se dirija a obtener la Liberación, es decir, a despertar la mente de renuncia. "No cometer errores en el sendero", significa que no debemos quedarnos donde llegan los Oyentes y Realizadores Solitarios que solo desean la Liberación, sino que debemos aspirar a obtener la Iluminación con la ayuda de la bodhichita. "Transformar la ilusión del aferramiento a la existencia inherente bajo el aspecto de la sabiduría" enfatiza la importancia de eliminar dicho aferramiento y desarrollar la sabiduría que comprende la vacuidad. Aunque se utilicen terminologías diferentes, la esencia de todas estas enseñanzas se encuentra en los *Tres Senderos Principales*.

Un principio que nunca hemos de olvidar es que la insatisfacción que experimentamos en la vida se origina en nuestra mente, y es el resultado de karmas negativos. Todo el mundo desea experimentar felicidad y apartarse del sufrimiento pero, tanto el dolor como la dicha dependen de causas, no surgen porque sí: La causa de la felicidad es nuestra actividad positiva y la del dolor, nuestra actividad negativa. Lo que nos desvela el Dharma es que aun deseando ser felices, no creamos las causas para serlo; y a pesar de aborrecer el malestar, tampoco evitamos las causas que lo producen.

Para experimentar la verdadera felicidad es vital transformar la mente y llevarla por una dirección provechosa. Hay una máxima que tienen en común todas las religiones: "tratar de ser cada día mejor persona y evitar herir a los demás".

Recuerda que la mente es el rey, y el cuerpo y la palabra sus sirvientes. Los dos últimos carecen de autonomía ya que están dirigidos por la mente. La mente, en sí misma, es clara y pura, no tiene una naturaleza positiva o negativa *per se*, sin embargo, puede transformarse igual que podemos teñir una pieza de algodón de cualquier color. La mente está sometida al influjo de nuestros engaños mentales porque nos vencen. Toda nuestra actividad es dirigida por la mente y ésta, a su vez, está gobernada por las aflicciones mentales, razón por la que experimentamos malestar constante.

Practicamos el Dharma para transformar los estados mentales negativos en positivos. Para empezar nuestro recorrido espiritual es necesario en primer lugar identificar lo negativo para poder abandonarlo, y reconocer lo positivo para incorporarlo a la vida y a la práctica. Todos los seres conscientes, incluidos los animales, están habituados a doblegarse ante los impulsos negativos de la mente. Sobre la base de trabajar con las cualidades positivas de la mente, surgen toda clase de experiencias placenteras. Pero esto es algo que no va a ocurrir por arte de magia, es imprescindible escuchar, contemplar y meditar.

Escuchar constantemente enseñanzas de Dharma nos enriquece, nos cultiva y nos permite rechazar las actitudes negativas y potenciar las positivas. Escuchar una sola vez no beneficia mucho. Si solo tenemos un vestido para todas las estaciones del año, lo pasaremos mal; es mucho mejor tener unos cuantos para poder adaptarnos al clima.

Los Preliminares

La enseñanza de los *Tres Senderos Principales* consta de tres secciones:

Preliminares
El texto
Conclusión

Preliminares

Rendir homenaje
La promesa de la composición del texto
Animar al estudiante a escuchar y estudiar el texto

Rendir homenaje

El texto raíz de los *Tres Senderos* empieza así:

Me postro ante todos los santos y elevados Lamas.

Expresar alabanzas al principio de la composición de un texto de Dharma forma parte de una antigua tradición entre eruditos de la India y el Tíbet. En ocasiones se rendía homenaje al Buda de la compasión, Chenrezig, o al de la sabiduría, Manyushri.

Las enseñanzas del Buda se pueden compendiar en las denominadas Tres Cestas: Vinaya, Sutra y Abhidarma. En un principio, todas las instrucciones se conservaban escritas en sánscrito. Cuando empezaron a ser traducidas al tibetano, los traductores dedicaban una estrofa al homenaje con el propósito de establecer a qué grupo pertenecía la enseñanza en cuestión. Si una enseñanza empieza con: "Homenaje al que todo lo conoce" refriéndose al Buda, indica que pertenece al Vinaya; si empieza con "Homenaje al Buda y a todos los Bodhisatvas", pertenece al Sutra; y si arranca diciendo "Homenaje a Manyushri", se puede asegurar que pertenece al Abhidharma.

Tsong Khapa dedica unas líneas al homenaje o demostración de respeto por dos razones:

1. Seguir la tradición de los antiguos traductores
2. Eliminar aquellos obstáculos que interfieran en la composición del texto de *Los Tres Senderos Principales*

Lama Tsong Khapa rinde homenaje a los Maestros, dirigiéndose a todos los sustentantes del linaje de la visión profunda, relacionada con la sabiduría que comprende el vacío; y de la vastedad, relacionada con el método.

Aquí, el texto raíz agasaja a los elevados y santos Gurus, todos aquellos que nos han dado enseñanzas correctas de Dharma.

El término "Jetsun Lama" puede aplicarse a cualquiera de los tres niveles de motivación descritos en las prácticas del Lam Rim. El término *Je*, o elevado, hace referencia al sendero que sigue el ser de capacidad inicial; *Tsun*, o santo, quiere decir que uno tiene control sobre sus propias faltas o karma negativo y alude el sendero medio. Lama, Guru, Maestro o Guía Espiritual son términos que definen el incomparable sendero superior.

Todas las escrituras destacan el hecho de que, quien nos enseña el Dharma y nos ayuda a entenderlo, se convierte en la fuente de nuestro conocimiento. Aunque muchos piensan que no es necesario confiarse a un Maestro para llegar a la Iluminación, deberían saber que nunca hasta ahora ha sido posible acceder a ese estado solo estudiando o leyendo libros. No ha sido posible en el pasado, ni lo será en el futuro. Sin respeto y devoción al Maestro, es bastante improbable llegar a forjar senderos espirituales en nuestro interior.

Gueshe Potowa, el gran Maestro kadampa, decía que para obtener la Budeidad nada es más importante que el vínculo con el Maestro. Si para aprender incluso las cosas más elementales de la vida ha sido preciso que alguien nos enseñara, qué decir de la transcendencia de un Maestro para el aspirante a meditador. Gueshe Potowa solía decir:

La grandeza del Maestro no depende tanto de Él como de la manera en que lo perciben sus discípulos.

Esta afirmación debería hacernos revisar lo que entendemos por devoción al Maestro.

Si para llegar a un lugar donde no hemos estado nunca es indispensable seguir las indicaciones de quien lo conoce ¿Por qué para hacer la travesía hacia la Liberación y la Iluminación no deberían ser obligadas las explicaciones de un Maestro?

Las cualidades internas que germinarán en el estudiante dependen de la devoción hacia el Maestro en el que se confía. Tanto en el Sutra como en el Tantra se subraya la importancia de apoyarse en un Maestro válido. Un verdadero Maestro debería poseer diez cualidades específicas. En su defecto, al menos debería dominar éstas cinco:

1. Dar más importancia a las vidas futuras que a la presente.
2. Poseer un buen conocimiento de las Tres Cestas.
3. Ser compasivo.
4. Ser hábil explicando las enseñanzas.
5. Enseñar con entusiasmo incansable.

En nuestros días es muy difícil encontrar un Maestro dotado con todas las cualidades prescritas. Puede que nuestro Maestro posea experiencias de alguno de los diez niveles (Skt: *bhumi*), aunque también puede tratarse de una persona ordinaria, es decir, alguien que no ha entrado en el *sendero de la visión* pero que es conocedor de las enseñanzas y tiene la capacidad de transmitirlas. Sin embargo, desde su perspectiva, el estudiante debe apreciar a su Maestro como si se tratase de un Buda, tenga o no todas las cualidades requeridas.

Según el enfoque del Sutra, se honra al Maestro reconociendo su gran amabilidad y comparándolo con un Buda. En el Tantra, sin embargo, el nivel de exigencia es mucho mayor y el Maestro debe ser considerado como un verdadero Buda, lo sea o no.

Si escuchas las enseñanzas de un Maestro versado en el conocimiento de los textos, te convertirás en alguien como Él. Tener experiencias internas de cualquiera de los senderos que conducen a la Iluminación es lo más deseable, pero el mero hecho de entenderlos intelectualmente ya produce inmensos beneficios.

Una fe inteligente y madura en el Maestro, o Guru, nos acerca a la Budeidad. Dicen las escrituras que las diez direcciones del espacio, están llenas de Budas. Debemos considerar a quién nos enseña el Dharma como una representación de todos ellos, como el transmisor de su mensaje. Si mantenemos una relación correcta con nuestro Maestro, estamos honrando a todos los Budas que nos rodean.

No existe un solo momento en el que los Budas dejen de hacer todo lo posible por beneficiar a los seres conscientes. Si nos preguntamos ¿cómo nos ayudan en este preciso momento? A través de la actividad que llevan a cabo quienes nos enseñan el sendero correcto. Es importante habituarse a no ver faltas en los Maestros espirituales. Tsong Khapa en su *Canción del Lam Rim* señala:

> El celo y la devoción puros, que acompañan los pensamientos y acciones hacia tu Guru, aquel que te muestra el camino a la Iluminación, son la causa raíz cuyo resultado es la consecución de cualquier buen fin que persigas en esta vida y en las futuras[3].

Las realizaciones espirituales de Dromtompa, fundador de la antigua tradición kadampa, eran la consecuencia directa de haberse confiado plenamente a su Maestro, Atisha. Sobre las bases de aquella antigua escuela, Je Tsong Khapa creó la nueva tradición kadampa, también conocida como escuela Guelugpa. Milarepa se Iluminó en una sola vida gracias a su absoluta

---

[3] Un comentario oral por Gueshe Tamding Gyatso a la *Canción del Lam Rim* fue publicado en 1990 bajo el título *Senda de Luz*. Se trata del primer comentario a un Lam Rim publicado en España. Ver *www.ediciones-amara.net*

devoción al Guru. Sakya Pandita y Tenpa Rabgye tuvieron grandes experiencias de renuncia, bodhichita y sunyata debido al inmenso servicio y cuidados que les prestaron a sus respectivos Maestros cuando estuvieron enfermos.

Al principio de su relación, Sakya Pandita no sentía una especial devoción por quien le enseñaba el Dharma ya que se trataba de su propio tío, y le veía como una persona de lo más común, lleno de defectos. Pero cuando éste enfermó, Sakya Pandita le cuidó con tanto celo que todo el mérito acumulado estalló de golpe y acabó sintiendo un enorme respeto y devoción por su tío. Con el tiempo, él mismo se convertiría en un gran Maestro.

Por otro lado, una devoción mal dirigida puede resultar muy perjudicial. Al Maestro le veneramos porque nos enseña el Dharma, no porque sea capaz de leer los pensamientos de los demás o de hacer milagros.

Las escrituras dicen que generar odio o criticar al Maestro que nos ha enseñado el Dharma es causa suficiente para renacer en los infiernos. Aunque aquí puede aparecer una duda: ¿Qué hacemos si el Maestro nos pide algo imposible, hasta el punto de que la relación no se puede sostener? Un Maestro tiene una gran responsabilidad, de hecho, es mayor que la del estudiante. Quizá el Maestro le exige a su discípulo algo que está fuera de su alcance, o que se contradice con sus principios. Según las escrituras, tendría todo el derecho de poder dirigirse al Maestro y exponerle libremente sus puntos de vista. Si el Maestro se mostrara intransigente y se negara a dialogar, no se podría afirmar que el discípulo cometiera falta alguna.

Vajradhara dijo que un Maestro es un Ser Iluminado porque lleva a cabo las actividades de los Budas de los tres tiempos. Los Budas y Bodhisatvas ayudan a los seres conscientes a través de los Maestros. El aspecto físico del Maestro no es determinante para decidir si se trata o no de un Buda. Las apariencias pueden llevarnos a engaño. No somos capaces de ver nuestras propias faltas y, en ocasiones, reflejamos nuestros defectos en los demás, incluidas las personas que nos enseñan. Si uno tiene ictericia puede tener alterada la visión y percibir algo distinto a la realidad. La apariencia del Maestro puede engañarnos.

Si el propio Buda se mostrara ante nosotros, seres ordinarios, seguramente le atribuiríamos más de un defecto. En este momento no podemos contactar con un Buda, es imposible oír directamente sus enseñanzas. Pero resulta un buen *adiestramiento* considerar que el Buda se nos ha aparecido bajo la forma de un humano, con un aspecto similar al nuestro, es decir, con engaños. Si queremos atraer la atención de un gato y maullamos como él, posiblemente se nos acercará; si le voceamos como llamaríamos a otra persona, se alejará asustado. Aunque sabemos que no somos un gato, para interactuar con el animal, nos comportamos como tal. Un Buda está libre de todo tipo de faltas y no tiene apego, ni odio, ni demás engaños, pero para nuestro beneficio se manifiesta bajo la forma ordinaria de un Maestro.

Muchos occidentales caen en el error de pensar que el Maestro ha de ser, necesariamente, un Iluminado. Pero que lo sea o no, no es lo más importante. Si nos da enseñanzas correctas y nos ayuda a entender el Dharma, desde nuestro punto de vista hemos de considerarle como un Buda. En todas las sadhanas compuestas tanto por grandes yoguis indios y como por Lamas tibetanos de las cuatro escuelas, el Yoga del Guru está presente.

El valor del Dharma es algo tan especial que la persona que presenta las enseñanzas debe ser reconocida y valorada, por ello se le coloca en un asiento elevado. También Sakyamuni Buda se sentaba por encima de su audiencia para demostrar su respeto por el Dharma.

La promesa de la composición del texto

(1)

Explicaré de la mejor manera posible la esencia de todas las elevadas enseñanzas de los Vencedores,
El camino que recomiendan todos sus sagrados Hijos (los Bodhisatvas), y la puerta de entrada para los afortunados que buscan la libertad.

"La esencia de todas las elevadas enseñanzas de los Vencedores" indica que toda la instrucción del Buda está incluida en los tres niveles de motivación, y que la esencia se encuentra en los *Tres Senderos del Camino*.

Todas las enseñanzas que dio el Buda conducen a la Iluminación, sin embargo, pretender estudiarlas o practicarlas todas nos resultaría muy difícil ya que no sabríamos ni por dónde empezar, tal es su vastedad. El Lam Rim facilita la práctica de todas las enseñanzas. Y para hacerlas aún más accesibles, Je Tsong Khapa compuso el texto llamado los *Tres Senderos*. Estudiarlo nos permite abrazar toda la enseñanza del Buda y acumular cuantiosos méritos.

Según Dromtompa, el Lam Rim es como una guirnalda de joyas preciosas. Tener una sola de estas joyas sería un lujo, pero poseerlas todas es algo incomparable. De igual modo, integrar solo una parte del Lam Rim reporta grandes beneficios, pero aprenderlo todo es tener un don ilimitado.

Los Tres Senderos son como la clave que da acceso a toda la enseñanza budista. Es un error creer que el Lam Rim únicamente se estudia en la tradición Guelupa. Los Budas del pasado y del presente han alcanzado la Iluminación siguiendo el Lam Rim, y así lo harán también los del futuro porque no hay otra forma de llegar a la Iluminación. Puesto que se trata de un sendero sin faltas, su estudio certifica la autenticidad de la enseñanza, que no se tergiversa ni se pierde.

Practicamos Dharma *ahora* para poder recibir grandes resultados en el *futuro* (inmediato y lejano), es importante remarcar este hecho. Esta vida es muy corta y las vidas futuras son muy largas; los beneficios del Dharma afectarán, principalmente, a nuestras vidas futuras.

Pero es crucial seguir un Dharma correcto. No deberíamos ser como el cerdo o el perro, animales que engullen cualquier tipo de comida. Hemos de ser selectivos con nuestro alimento espiritual. Sakya Pandita dijo:

Incluso en negocios tan insignificantes como adquirir un
caballo, una gema u otra cosa,
Analizas: investigas, preguntas a todos y lo consideras.
Vemos a gente preocuparse así incluso por los temas
Más insignificantes.
Conseguir el objetivo último de todas nuestras vidas incontables depende del Dharma.
Sin embargo apreciamos cualquier Dharma que se nos
cruza, sin investigar si es bueno o malo.

Y nos comportamos como perros con un bocado de comida.

Equivocarse al escoger el tipo de práctica espiritual en la que uno se implica puede llegar a ser grave, porque el daño persiste durante mucho tiempo. Milarepa dijo que pasar años en una cueva practicando un Dharma equivocado no servía para nada.

Del mismo modo que el origen de un río es la nieve de las montañas, el origen del Dharma es Sakyamuni Buda, un Dharma perfecto debe tener cuatro cualidades.

1. Debe haber sido mostrado por el Buda
2. Debe haber sido depurado (examinado por sabios que comprueban si se ha filtrado algún error posterior al Buda)
3. Debe producir experiencias espirituales en aquellos que lo han escuchado, contemplado y meditado
4. Debe haber llegado a nosotros en un linaje ininterrumpido.

Un sendero con estas características es inmaculado y no puede llevar a engaño. El auténtico Dharma budista no es un sendero de origen dudoso ya que se puede señalar su fuente auténtica, nombrar a quienes lo han practicado y referir los resultados que han obtenido todos ellos. Es el sendero que sigue el Bodhisatva, la puerta de entrada para que el afortunado recorra todo el camino que lleva a la Iluminación.

"La esencia de todas las elevadas enseñanzas de los Vencedores" hace referencia a la vacuidad. "El camino que recomiendan todos los sagrados Bodhisatvas" es el camino de la bodhichita. Y "la puerta de entrada para los afortunados que buscan la libertad" alude a la mente de la renuncia.

"Explicaré de la mejor manera posible" da a entender que Lama Tsong Khapa sintetiza en pocas palabras la vasta enseñanza del Buda. Aunque el Iluminado dio numerosas enseñanzas, todas tienen el mismo denominador común: su cometido es que los seres puedan practicar el sendero mahayana y, específicamente el tántrico.

Pero para poder practicar Tantra es imprescindible estudiar y entender el Sutra. Si alguien se jacta de ser un practicante del mahamudra tántrico y no domina conceptos como la renuncia, la bodhichitta y la visión correcta de la vacuidad, queda en ridículo. A falta de una experiencia directa de estos tres principios, al menos deben comprenderse intelectualmente, deben haberse escuchado numerosas enseñanzas directamente de un Maestro. Gueshe Chekawa estuvo al lado de Gueshe Sharawa durante doce años, también doce fueron los años que Dromtompa pasó junto a su maestro Atisha. Para conocer el dharma en profundidad no basta con asistir a un par de cursos de fin de semana, hacen falta años escuchando a un buen Maestro para ser capaces de guiar a los demás con garantías.

Si queremos volver a encontrarnos con el Dharma en las vidas futuras es preciso que generemos ahora un vivo interés por escucharlo, y elevemos oraciones para este fin. No es fácil encontrar las enseñanzas del Buda en esta tierra, pero coincidir con las que proceden de Lama Tsong Khapa, lo es aún menos. Se cuenta la anécdota del discípulo mongol que le pidió a su Maestro, Palden Yeshe, una oración para poder encontrarse con el Dharma en su vida futura. Palden Yeshe aceptó y compuso una oración para su estudiante. Sin embargo, cuando éste le pidió otra para poder encontrar la doctrina de Lama Tsong Khapa, Palden Yeshe declinó su petición arguyendo que se trataba de una oportunidad excepcionalmente rara.

Animar al estudiante a escuchar y estudiar el texto

(2)

Escuchad con una mente pura, afortunados que no ansiáis los placeres de la vida, y que para hacer significativos el ocio y los dones os esforzáis en conducir vuestra mente por el sendero que complace a los Vencedores.

"Afortunados que no ansiáis los placeres de la vida" esta frase nos habla de la importancia de entender el sentido de la renuncia, y despertarla en nosotros. La renuncia se genera cuando comprendemos la naturaleza del samsara. Aunque podemos considerar el nuestro un *perfecto renacimiento* humano, lo cierto es que está contaminado por las emociones aflictivas. Éstas son una fuente constante de problemas. Mientras no cortemos su raíz no tendremos capacidad para elegir el tipo de renacimiento que deseamos obtener en el futuro.

Donde sea que renazcamos, lo haremos afectados por dicha contaminación, predestinados al dolor y el sufrimiento una vez más. Entender la rotundidad de este hecho despierta en cada uno el afán por salir del samsara y alcanzar la Liberación. Este afán es la renuncia. Aryadeva decía que sin sentir verdadera aversión hacia la vida mundana no existe la posibilidad de la liberación.

Superar el samsara es posible porque su causa principal está en nuestro interior: las aflicciones mentales y las acciones o karma que producen. Las aflicciones mentales o engaños de la mente pueden ser erradicados activando un tipo específico de mente: la sabiduría que comprende la naturaleza de los fenómenos o vacuidad.

La visión aproximada e inicial de la renuncia es el mero pensamiento "cuán maravilloso sería poder liberarme del samsara". La visión aproximada de la vacuidad sería entender que, aunque los fenómenos carecen de existencia inherente o intrínseca, así es como nos aparecen: Dudar de la manera en que existen los fenómenos sería nuestra sabiduría aproximada.

"Y que para hacer significativos el ocio y los dones" habla de la bodhichita. Darle un significado a nuestro *ocio y dones* significa que utilizamos nuestro cuerpo y nuestro tiempo para obtener la Budeidad, es decir, para despertar la bodhichita.

"Por el sendero que complace a los Vencedores" habla de la visión correcta de la vacuidad. Que sigamos el sendero de la vacuidad hace felices a los a los Budas porque es el antídoto a la raíz del samsara. Según Shantideva, todas las enseñanzas de los Budas fueron concebidas para hacernos generar la visión correcta de la vacuidad. El Buda desea liberar a los seres de su sufrimiento y lo hace proporcionándoles su opuesto, la sabiduría. Esta sabiduría es el sendero que satisface a los Budas porque es el antídoto directo al dolor.

Lama Tsong Khapa nos aconseja escuchar enseñanzas con fe pura. Si uno está demasiado obsesionado por los placeres de esta vida, le costara mucho liberarse. Darnos cuenta de las desventajas del samsara nos ayuda a generar un sentimiento de aversión hacia la existencia cíclica y el deseo de buscar la Liberación. En nuestra condición actual, estamos libres de ocho condiciones específicas desfavorables para la práctica de Dharma y gozamos, además, de diez dones que nos capacitan para ella. En este sentido somos seres muy especiales ya que no todos los humanos tienen tales cualidades. Obtener un cuerpo con estas condiciones es una oportunidad muy rara y nada fácil de conseguir, si perdemos esta oportunidad ahora, será difícil volver a encontrarla en el futuro. Viendo la situación tan especial de la que gozamos podemos deducir que, ciertamente, hemos creado karma positivo en vidas pasadas. Por tanto, una situación similar en el futuro depende de cómo gestionemos nuestro presente. El esfuerzo merece la pena.

El buen estudiante ha de cultivar las siguientes cualidades:

1. No aferrarse a los placeres temporales del samsara.
2. Extraer el significado del perfecto renacimiento humano
3. Seguir un sendero sin faltas.
4. No caer en los extremos.
5. Cultivar la inteligencia para discernir qué practicar y que abandonar.
6. Aplicarse en la práctica y deleitarse en ella.

Además de esforzarse en estas seis cualidades, ha de ser hábil para evitar las tres faltas que se describen utilizando la analogía del recipiente:

Un recipiente bocabajo: por exquisito que sea el néctar vertido, nada quedará en su interior. No deberíamos escuchar enseñanzas sin prestar la debida atención.

Un recipiente agujereado: aun en el caso de llenarlo de néctar puro, éste se escurrirá a través del agujero. No deberíamos escuchar enseñanzas sin retener lo escuchado.

Un recipiente sucio: aunque lo llenemos de néctar inmaculado, se enturbiara en contacto con la suciedad. No deberíamos escuchar enseñanzas con una mala actitud, motivados por la competitividad o solo interesados en el provecho de esta vida.

Una buena disposición para escuchar enseñanzas es considerarnos como a personas afectadas por la enfermedad del apego, el odio o la ignorancia. Desde la perspectiva de quien escucha, todo aquel que nos enseña debe ser considerado como el médico que nos cura con la medicina del Dharma. Es muy importante recordar en todo momento que es tan amable como un Buda, mostrándonos el sendero correcto para llegar a la Iluminación.

También es bueno aplicar el siguiente consejo procedente de un Sutra: "Empezar y acabar debidamente". Una buena motivación al principio de la enseñanza transforma el acto de escuchar en un algo virtuoso. La mejor motivación posible es generar bodhichita. Aunque no poseamos la bodhichita real podemos aplicar la simulada o imaginativa, consistente en desear llegar a la Iluminación para beneficio de los demás.

Escuchar enseñanzas es muy necesario porque deja impresiones, o marcas, muy poderosas en la mente[4].

---

[4] A propósito de este tema, Gueshe Tamding puso un ejemplo procedente de las escrituras clásicas: Vasubhandu solía recitar de memoria textos budistas

Sembrar este tipo de semillas hará que entendamos el Dharma y gocemos de las experiencias resultantes de su práctica.

Un buen discípulo escucha el Dharma con una mente feliz, lleno de alegría, sabe como extraer la esencia de lo que le enseña el Maestro y lo pone en práctica

---

durante horas en su celda del monasterio. Un jilguero que se posaba cada día en la misma rama de un árbol junto a su ventana escuchaba el sonido del Dharma. Se sembraron impresiones tan positivas en la mente del pajarillo que se reencarnó en uno de los cuatro discípulos más versados que tuvo Vasubhandu, Loto Tempa, una autoridad en el *Abhidharma*.

La Renuncia

Explicar el texto

La renuncia
La bodhichita
La visión correcta de la vacuidad
Exhortación a la práctica, una vez se comprende el
texto

La renuncia

Razón por la que generar renuncia
Cómo generar renuncia
La medida que indica el desarrollo de la renuncia

Razón por la que generar renuncia

(3)
Sin renuncia pura nunca acabaremos
Con este empeño por los estados placenteros
En el océano de la vida.
También debido a su vida de anhelos,
Están los seres encadenados.
Busca, pues, la renuncia en primer lugar.

La renuncia es un estado mental sin el que es imposible
alcanzar la liberación. Los seres de esta tierra están
constantemente entretenidos con los placeres temporales y con las cosas que atañen sólo a esta vida. Si
un prisionero se siente cómodo en su prisión nada le
impulsará a buscar una salida, pero si desea escaparse

más que nada en el mundo, buscará un método para llegar a conseguirlo. El deseo sincero de liberarnos de la cárcel del samsara, nos empujará a abandonarlo tarde o temprano.

Para generar el sentimiento de la renuncia es imprescindible reconocer la naturaleza insatisfactoria del samsara y el mecanismo que la sustenta.

Hay distintas maneras de definir el samsara. Una de ellas se refiere a nuestros propios agregados contaminados: cuerpo, sensación, discernimiento, factores composicionales y consciencia. Al morir, abandonamos los agregados contaminados de esta vida y entramos en contacto con agregados contaminados nuevos. Éstos serán la base de nuestro próximo nacimiento en el que seguiremos experimentando dificultades y sufrimientos. Se denominan "contaminados" porque son la suma de las emociones aflictivas -mentes engañosas- y el karma -acciones samsáricas-. Entender que mientras sigamos atados a ellos seguiremos experimentando sufrimientos en una rueda sin fin, nos hará detestar este estado de cosas. Sin la experiencia vivencial de la sabiduría que comprende la vacuidad, las acciones y los engaños seguirán nutriendo nuestros agregados contaminados una vida tras otra.

Hemos de despertar la renuncia genuina y no contentarnos con un atisbo de ella. Gueshe Sharawa decía:

> La renuncia no ha de estar sólo en tu boca,
> es algo con lo que has de familiarizarte constantemente.

La renuncia auténtica tiene lugar cuando ese sentimiento se integra por completo en nuestra mente. No podemos practicar bien el Dharma si no integramos la enseñanza como parte esencial de nosotros mismos. Si el deseo de liberarnos no es fuerte, nuestra práctica nunca dará resultado. Si el deseo de abandonar el origen de la existencia cíclica es débil, nuestra voluntad lo será también. Además, sin la intención de escapar del samsara, será imposible generar la mente de gran compasión o la intención de liberar a los demás.

Podemos jactarnos de ser practicantes tántricos pero, sin escuchar repetidamente estas grandes enseñanzas y meditar en ellas, ni tan siquiera habremos entrado en el sendero espiritual.

Existen dos tipos de apego, el apego a esta vida y el apego a las vidas futuras, y dos son también los tipos de renuncia: la renuncia que supera el apego a la vida presente y la renuncia que supera el apego a las futuras.

Cómo generar la renuncia

Cómo abandonar el apego hacia la vida presente
Cómo abandonar el apego hacia las vidas futuras

Cómo abandonar el apego hacia la vida presente
(4a)
El ocio y la fortuna son difíciles de encontrar,
la vida no es larga.
Piensa en ello constantemente,
Abandona el apego hacia esta vida;

Nos afecta el "apego hacia esta vida" cuando sólo nos preocupan y mueven los asuntos que atañen a esta corta existencia presente: deseamos el reconocimiento de los demás, queremos su respeto y su favor. Quien desea practicar sinceramente el Dharma ha de superar estas obsesiones. La manera de conseguirlo es meditar 1) en la libertad que proporciona el perfecto renacimiento humano, 2) en la dificultad de volverlo a obtener en el futuro, y 3) en la muerte.

Las escrituras señalan que la causa o karma que produce un cuerpo como el que tenemos ahora es la observancia de la ética, acompañada de oraciones. Podemos constatar las pocas posibilidades de volverlo a obtener en el futuro mirando nuestra vida presente. ¿Qué actitud tenemos en relación a los diez actos negativos de cuerpo, palabra y mente? ¿Incurrimos en ellos con facilidad? ¿Nos resulta difícil abandonarlos? Llevar una vida completamente ética no es tan sencillo, es fácil crear malestar a nuestro alrededor, aun sin proponérnoslo. Si entendemos este hecho aprovecharemos al máximo nuestra vida, extraeremos el mayor partido de ella para poder contar con algo que llevarnos a nuestra futura existencia. Ocuparnos solamente de cubrir nuestras necesidades, de buscar cobijo y comida, no nos hace diferentes a cualquier animal.

Si sólo vivimos pendientes de triunfar en la vida, sometidos a la atracción que ejercen sobre nosotros las cosas mundanas no vamos bien encaminados, debemos hacer algo al respecto. Lo más importante, lo que nos pondrá en marcha, es ser conscientes de que podemos morir en cualquier instante. En realidad, es bastante absurdo aferrarse excesivamente al bienestar de esta vida porque tendremos que dejarlo todo tarde o temprano. Lo único que viajará con nosotros serán las impresiones kármicas que dejen nuestros actos en la corriente mental. Nadie sabe en qué momento puede sorprenderle la muerte. Decimos que la muerte es cruel, que es injusta porque puede arrancarnos a un ser querido del modo más doloroso e imprevisible. Puede llevarnos a nosotros de esta tierra mañana mismo, dentro de una semana, un mes o en cualquier instante. Pensar en el valor del perfecto renacimiento humano sirve para aprovechar cada momento. Asumir la rotundidad de la muerte sirve para relativizar las cosas. Son la medicina que destruye la obsesión hacia los placeres de esta vida que, más que favorecernos, a la larga nos perjudican.

Para generar la mente de la renuncia es vital empezar trabajando con los apegos hacia esta vida. Según el texto raíz, has de convencerte de la dificultad de volver a obtener un cuerpo como el que tienes ahora y, sobre todo, ser muy consciente de la infalibilidad de la muerte.

Estamos tremendamente apegados a los placeres y a las cosas que nos dan satisfacción en esta vida, es bueno eliminar esta actitud. Practicar Dharma enfocándolo únicamente hacia el bienestar en esta corta vida, enturbia la práctica y la hace poco efectiva. Si sólo estamos preocupados por disfrutar de una vida placentera, nuestro adiestramiento no producirá frutos, porque lo que en realidad nos motiva es tener un buen nombre, acumular favores y dinero. Un auténtico practicante de Dharma es aquel que ha superado el apego hacia las cosas que este corto espacio de vida nos regala.

En una ocasión Dromtompa vio a un hombre circunambulando alrededor de una estupa y le reprendió "¿no sería mejor que practicaras Dharma?" El hombre, perplejo pensó que quizás debía recitar algún sutra, y así lo hizo; Dromtompa lo volvió a interrumpir y repitió la observación "¿no sería mejor que practicaras Dharma?" Decidió ponerse a meditar a los pies de la estupa y volvió a suceder lo mismo. Desconcertado, cogió su rosario para empezar a recitar mantras, pero Drontompa siguió increpándole y poniendo en duda su práctica. Al final, el hombre, irritado, exclamó "parece que nada de lo que hago resulta ser una práctica de Dharma ¿qué debería hacer según tú?" Dromtompa repitió tres veces su respuesta "abandona el apego hacia la vida presente".

En una ocasión Nangchung Tempa se acercó a Atisha para pedirle enseñanzas de Dharma, quería que fueran especialmente profundas y avanzadas. Esta fue la respuesta que recibió Atisha: "Abandona el apego por esta vida y medita en la bodhichita". Tempa no se sintió satisfecho con el consejo y fue a contrastarlo con Dromtompa quien sentenció: "En verdad, ésta es la más profunda de las prácticas de Dharma".

Estás ocho sentencias se convierten a menudo en una obsesión para todos nosotros, son los llamados *ocho dharmas mundanos*:

1. Ser feliz cuando consigo algo
2. Ser desgraciado cuando no lo consigo
3. Ser feliz cuando las cosas me van bien
4. Ser desgraciado cuando las cosas me van mal
5. Ser feliz cuando consigo ser reconocido
6. Ser desgraciado cuando me ignoran
7. Ser feliz cuando hablan bien de mí
8. Ser desgraciado cuando me critican

Si nos sentimos miserables cuando nos critican, recordemos que, muy probablemente, otros nos enaltecen.

Tampoco hay razón por la que sentirnos demasiado orgulloso cuando nos alaban porque puede que otros nos estén calumniando al mismo tiempo.

Los ocho dharmas mundanos son muy difíciles de abandonar, pero si se condensan, podemos resumirlos en tres intereses fundamentales: la comida, el vestido y la fama. Algunos practicantes muy avanzados pueden abandonar su preocupación por la comida y alimentarse de píldoras de néctar, otros son capaces de abandonar su preocupación por el vestir y usar ropas muy simples, pero abandonar el apego a la reputación cuesta mucho. En el viejo Tibet se podían encontrar yoguis que pasaban la mayor parte de su vida retirados en cuevas, cuyo único contacto con el exterior era la ranura a través de la cual solo pasaba la mano de su benefactor para darles de comer... pero, aún así se las arreglaban para hacer saber a todo el mundo que estaban meditando en un lugar remoto. Resulta muy difícil abandonar la preocupación por la reputación y el buen nombre. El Lama Kagyupa, Dro Kun Tsangpa Gueri dijo:

No importa lo hábil y erudito que sea un yogui, si no abandona el apego hacia esta vida, todo lo que hace puede convertirse en causa para renacer en un infierno.

Go Sangpa dijo:

Si el objetivo de un retiro para practicar Dharma es conseguir el bienestar de esta vida sólo será una más que añadir al elenco de actividades mundanas.

Y añadió:

Que el Dharma sea elevado, no es suficiente el practicante tiene que serlo también.

Por esta misma razón los grandes Gueshes Kadampa advertían:

El Dharma que uno cultiva puede ser noble y digno de respeto, como un caballo, pero puede que quien lo practica, no valga más que un perro.

Si no dejamos el interés obsesivo por las cosas de esta vida, será muy difícil evitar caer en reinos de existencia inferiores o desgraciados en las vidas futuras. La práctica que más enfatizaban los grandes Maestros kadampas de antaño era abandonar el apego hacia esta vida. Para hacerlo seguían las diez prácticas kadampas primordiales explicadas con todo detalle en *Joyas del Budismo*[5].

Los antiguos Gueshes kadampa eran expertos en lo que denominaban las *Diez Riquezas de las Cuevas*, que para ellos era una especie de termómetro que les indicaba la intensidad de su práctica. A la mayoría de nosotros nos resultaría muy difícil practicar con su misma energía, por eso, de momento, nos conformamos con rezar para poder emularles en un futuro próximo.

Era tanta la intensidad de su práctica que cada noche antes de acostarse dejaban todas sus cosas preparadas, como si fueran a morir antes del siguiente día. Para llegar a practicar Dharma con total entrega hemos de abandonar la vida mundana. Entendiendo que "abandonar la vida mundana" no significa dejarlo todo

---

[5] Este libro ha sido publicado por Ediciones Amara. www.ediciones-amara.net

para empezar una vida miserable, sino desprendernos de los ocho dharmas mundanos antes mencionados.

La manera más potente de practicar Dharma era la que seguían los antiguos Gueshes kadampas, los poseedores de las *Diez Riquezas de las Cuevas*:

1. Las Cuatro Determinaciones
2. Las Tres Condiciones: *ser expulsados, llegar y alcanzar*
3. Los Tres Diamantes

Las Cuatro Determinaciones

1. *Dirigir decididamente nuestra mente hacia la práctica.* Significa practicar Dharma con una poderosa determinación. Ahora mismo poseemos un cuerpo humano perfecto, pero quien sabe cuanto durará, no usarlo debidamente sería un derroche imperdonable.
2. *Mantener la práctica aun viviendo como un mendigo.* Para beneficio de nuestra práctica hemos de estar dispuestos, incluso, a vivir como pordioseros.
3. *Encaminar al mendigo hacia la muerte.* Es decir, no abandonar la práctica bajo ningún concepto.
4. *Recibir a la muerte en una acequia polvorienta.* Significa vivir de acuerdo con las tres anteriores. Cuando practicamos no nos afecta lo que le pueda suceder a nuestro cuerpo. Milarepa solía decir:

Cuando muera, que nadie venga a llorar junto a mi cadáver, si muero en un lugar apartado, seré feliz.

El buen practicante debe actuar de esta manera, sin inquietarse por lo que le tenga que venir, y sin miedo a morir como un animal salvaje del que nadie se preocupa.

Las Tres Condiciones: ser expulsados, llegar y alcanzar

1 *Ser expulsados del rango de los hombres.* Cuando estamos plenamente implicados en la práctica de Dharma, nuestras inquietudes y anhelos son distintos a los del resto de los humanos. En definitiva, si a ellos lo que más les mueve es trabajar para el exclusivo beneficio de esta vida, a nosotros sólo nos importa trabajar en favor de las vidas que vendrán.

2 *Llegar al estatus social de un perro.* Implica abandonar toda ansia por gozar de una buena reputación o por tener riquezas, y soportar tanto el calor como el frío sin que se altere por ello nuestra práctica.

3 *Alcanzar el rango de un ser divino.* Significa vivir retirado y abandonar las actividades del mundo con el objetivo de llegar a la Budeidad para el bien de todos los seres.

Los Tres Diamantes

1 *Arroja el diamante inalcanzable fuera y lejos de ti.* Consiste en determinarnos a practicar sin permitir la interferencia de los dharmas mundanos. La familia, los amigos y la sociedad en general tratarán de hacernos desistir de esta actitud, pero hemos de mantener la mente firme en nuestra determinación y practicar sin hacer caso de las opiniones ajenas, ni desear involucrarnos en las triviales preocupaciones mundanas que no producen ningún fruto. Alejar de

nosotros estas influencias es la base para empezar la práctica, y es conocida como el diamante de la no expectación. Es, por supuesto, muy difícil de alcanzar, pero sí poseemos este diamante, los otros dos caerán fácilmente en nuestras manos.

2 *Coloca el diamante de la desvergüenza detrás de ti.* Cuando nos identificamos con la actitud previa, aunque los demás hablen mal de nosotros, los dejamos atrás en nuestro en el camino.

3 *Guarda el diamante de la sabiduría a tu lado.* Se refiere a buscar siempre la compañía del diamante que es la cognición que discierne entre virtud y no virtud. En este contexto, esta sabiduría significa dar más importancia a las vidas futuras que a la presente.

Hemos de salvaguardar y apreciar estas tres actitudes como si de diamantes se tratara. No sólo Milarepa practicó así, los Gueshes kadampas y muchos otros Maestros lo hicieron también hasta el final de sus días[6].

Los Gueshes kadampas vivían en soledad y podían practicar de este modo, pero nosotros, inmersos como estamos en una sociedad demasiado exigente, sólo podemos rezar para llegar a practicar como ellos algún día. Nuestra capacidad como practicantes es todavía débil, y es muy importante proceder según nuestras

---

[6] Gueshe Tamding Gyatso contó la anécdota de un amigo suyo, Gueshe Rabgye, discípulo de Trilbu Chopon Rimpoché, que en un momento de su vida le entregó una carta al actual Dalai Lama legándole todas sus posesiones y manifestándole su firme deseo de morir en soledad. Su cadáver no fue hallado hasta un mes después de su muerte. Falleció en una cueva muy recóndita, en un frondoso bosque de las montañas de Dharamsala. Él mismo había sellado su cueva con ramas y arbustos, y sólo por el hedor que desprendía su cadáver en descomposición, unos pastores se dieron cuenta de que en el interior de la cueva había unos restos humanos medio devorados por las alimañas.

posibilidades. La práctica de Dharma debe ir adecuándose desde el nivel inicial, hasta el nivel medio y superior. Estos consejos estarían dirigidos a los seres de un nivel de capacidad superior. Como principiantes no podemos abandonar radicalmente las actividades mundanas y dedicarnos exclusivamente al Dharma, igual que aquellos grandes practicantes. Pero sí que podemos repartir racionalmente nuestro tiempo entre nuestras obligaciones y la práctica del Dharma. Según un antiguo dicho:

> Si uno es hábil y practica de la manera correcta, aun llevando una vida familiar, puede estar creando las causas para obtener la Liberación, como hizo en su día Marpa Lotsawa. Por el contrario, si la práctica no es buena, aun viviendo retirado en lo alto del monte puede estar creando causas para renacer en los reinos inferiores.

El temor de que, por dedicamos en cuerpo y alma a la práctica de Dharma, podamos llegar a morir de inanición quizá puede asaltarnos al principio, pero nunca en la historia del budismo ha habido un solo practicante sincero que muriera por falta de alimento. La razón de ello es que Sakyamuni Buda dedicó el mérito que había creado renaciendo sesenta mil veces como Chakravatin para que a sus seguidores nunca les faltase comida. En el *Sutra de la Compasión del Loto Banco*, el Buda dice:

> Y en los días en los que mi enseñanza se extienda por el mundo, cualquier persona que vista, aunque sean solo cuatro milímetros del hábito azafrán, encontrará comida y bebida según sus deseos. Si no es así, habré traicio-

nado el estado de Iluminación: Que entonces pierda mi Budeidad.

Es imposible que un practicante sincero muera de hambre. Se dice en las escrituras que habrá una época, en un futuro todavía lejano, en que la comida resultará tan escasa que se dará un saco de perlas a cambio de un saco de harina, pero ni siquiera entonces le faltará comida a un seguidor del Buda.

Es del todo incorrecto pensar que abandonar el apego a esta vida significa que uno deba ser o convertirse en un pordiosero. El séptimo Dalai Lama, Kelsang Gyatso, vivía en un palacio y el Panchen Lama, Losang Chokyi Gyaltsen, era inmensamente rico, sin embargo, ambos eran auténticos ejemplos de seres que han abandonado el apego hacia esta vida y renunciado a los ocho dharmas mundanos. Aprovechaban su posición para beneficiar a los demás; vivir rodeado de riquezas y no sentir apego por ellas es una actitud más encomiable que ser pobre pero sentirse profundamente apegado a las pocas cosas que uno tiene.

Otros Maestros han actuado de manera similar, por ejemplo, Lama Losang Thundhub Ensapa, alcanzó la Iluminación en una sola vida, como hiciera Milarepa, sin embargo, la suya no fue una existencia pobre ni extrema.

Al morir todo se abandona, es inevitable, resulta una actitud muy inteligente empezar a generar renuncia hacia nuestras posesiones desde ahora mismo y enfocar nuestro interés en las vidas futuras.

Entendiendo que una forma humana es muy difícil de obtener, hemos de cultivar la fuerte determinación de utilizarla de la mejor manera posible. En su *Canción del Lam Rim*[7], Lama Tsong Khapa dice así:

> Yo, que he recorrido el verdadero camino a la Iluminación, he tenido la experiencia de hacer justamente eso. Si tú también buscas liberarte, por favor, actúa de la misma manera.

Si hacemos un buen uso de nuestra oportunidad y superamos la pereza, estamos emulando a los grandes yoguis del pasado.

Para meditar en el perfecto renacimiento humano examinamos los tres puntos siguientes:

1. Identificar el perfecto renacimiento humano
2. Meditar en el gran valor del perfecto renacimiento humano
3. Meditar en la dificultad de obtener un perfecto renacimiento humano

Identificar el perfecto renacimiento humano

Gozar de un perfecto renacimiento humano significa poseer las *dieciocho características*, a saber: ocho libertades y diez dones. De manera resumida las ocho libertades se refieren a contar con tiempo suficiente para practicar Dharma; nacer careciendo de ellas, no sería considerado un perfecto renacimiento humano porque nos impediría practicar. Cuatro de esas libertades se refieren a nuestra condición de humanos, y cuatro se refieren a reinos no humanos. Somos libres de:

---

[7] Encontrarás Un comentario a la *Canción del Lam Rim* en el libro *Senda de Luz*, publicado por Ediciones Amara.

1. Haber renacido como un ser infernal
2. Haber renacido como un espíritu hambriento
3. Haber renacido como un animal
4. Haber renacido como un dios de larga vida
5. Haber renacido en una zona remota
6. Haber renacido en un lugar civilizado pero donde no se escucha el Dharma
7. Haber renacido con visiones erróneas muy enraizadas
8. Haber renacido con deficiencias mentales y físicas

Un cuerpo humano perfecto está caracterizado, además, por diez dones: cinco personales y cinco ambientales:

1. Haber nacido como un ser humano
2. Haber nacido en una Tierra Central: un lugar donde haya miembros de la Sangha
3. Tener todas las facultades sensoriales en buen estado
4. Estar libres de haber cometido los cinco crímenes extremos
5. Tener fe en las Tres Cestas
6. Haber renacido en la época del Buda
7. Haber encontrado el Dharma
8. Haber renacido en una época en la que el Dharma hinayana y mahayana florecen y son estables
9. Haber renacido en una época en la que hay Guías Espirituales y practicantes compasivos
10. Haber renacido en una época en la que hay

personas sensibles que nos ayudan a practicar el Dharma

Tener la fortuna de haber renacido con un cuerpo dotado con todas estas características y desperdiciarlo es verdaderamente lastimoso; lo estamos desperdiciando cuando vivimos la vida *sólo* para obtener comida, ropa y cobijo. Si encontrar un cuerpo así fuese tan fácil, podríamos dejar de practicar en esta vida... siempre podríamos hacerlo en la siguiente, pero, desgraciadamente no es el caso. ¿Por qué es tan difícil de obtener un cuerpo como el nuestro? Porque depende de causas kármicas muy positivas, basadas en una ética pura.

Se dice en las escrituras que el perfecto renacimiento humano es difícil de obtener *según el número y el ejemplo*. El número de humanos supera al número de devas, pero hay más animales que humanos y más pretas que animales. Sin embargo, superando en mucho al resto, se sitúan los seres infernales. Aunque vemos muchos humanos a nuestro alrededor, muy pocos poseen un perfecto renacimiento humano.

Buda ilustraba la rareza de nuestra condición, utilizando la analogía de la tortuga ciega que habita el fondo del mar y sale a la superficie cada cien años. Que cuando emerja acierte a insertar su cabeza en una anilla dorada flotando sobre las olas, sería más fácil que para nosotros volver a obtener un perfecto renacimiento humano en el futuro.

El océano representa el samsara y los seres que lo habitan, la tortuga ciega simboliza la ignorancia que nos obnubila, salir a la superficie cada cien años significa que muy raramente se puede obtener un cuerpo humano; llegar a insertar la cabeza en la anilla, representa encontrar Dharma. Este es uno de los más famosos ejemplos que ilustra la dificultad de obtener un perfecto renacimiento humano.

Se dice que, al principio, meditar en la muerte es la causa directa que te lleva a practicar Dharma, en la mitad de tu aprendizaje hace que te mantengas en dicha práctica, y al final del camino, la completa. Recordar la muerte acentuará la maravilla que es el perfecto renacimiento humano y hará que la práctica sea poderosa y efectiva. El buen practicante de Dharma se siente feliz al enfrentarse a la muerte, como el hijo que regresa a la casa de sus padres tras una larga ausencia; el que ha descuidado su espiritualidad sentirá arrepentimiento y dolor cuando llegue su hora.

Aunque todos sabemos que la consecuencia natural de nacer es morir, nos cuesta dejar de pensar "hoy no moriré". Para que el Dharma fructifique y llegue a tocar nuestro corazón, es imprescindible meditar en la impermanencia y la muerte. Buda quiso demostrar la importancia de esta enseñanza hablando precisamente de la muerte en su primera enseñanza, tras su Iluminación, y al final de su vida, justo antes de fallecer.

La meditación en la muerte tiene tres apartados:

1. La muerte es inevitable
2. El momento de la muerte es incierto
3. En el momento de la muerte sólo el Dharma nos puede ayudar

La duración de la existencia de cualquier ser vivo es incierta, y las condiciones que pueden provocar la muerte son innumerables. Podemos pensar que estamos sanos y fuertes, no hay razón para especular con la posibilidad de morir pronto, pero nos estamos engañando: la única certeza en esta vida es que podemos morir en cualquier momento.

Las condiciones propicias que nos permiten vivir sanos son pocas, mientras que las que arremeten contra la salud son muchas. Incluso aquellas cosas que, supuestamente, sirven para mantener la vida, pueden acortarla. El objeto de considerar estos puntos es determinarnos a practicar Dharma sin demora.

Los bienes y los familiares tan conectados ahora con nosotros, deberán ser abandonados. Solo la consciencia continúa hacia la vida siguiente. Aquellos que han creado actos muy dañinos en sus vidas permanecerán un periodo de tiempo muy corto en el bardo (estado intermedio) antes de caer en algún reino inferior. Lo que rige nuestra mente es el karma sembrado en el campo de nuestra consciencia, si es positivo, nuestro destino será agradable, si es negativo deberemos enfrentarnos a situaciones de dolor. Es bueno meditar en estas aserciones para darnos cuenta de que obsesionarse por las cosas de esta vida no tiene mucho sentido.

Meditar constantemente en lo atemorizante que resultaría renacer en los reinos inferiores causa el efecto de hacernos considerar la importancia de buscar refugio en las Tres Joyas.

Los objetos de refugio son Buda, Dharma y Sangha. La Joya del Buda son los Seres Iluminados, la Joya del Dharma es la cualidad de haber abandonado las negatividades y las realizaciones que posee un Ser

Noble; la Joya de la Sangha son aquellos seres que están atravesando los senderos supremos.

Hay dos requisitos importantes para tomar refugio: por un lado, sentir temor por el sufrimiento que nos espera en los reinos inferiores en particular y en el samsara en general, por otro, la confianza en que las Tres Joyas tienen poder para ayudarnos a superarlos. El acusado temeroso de que le condenen a la pena capital, buscará un buen abogado y se entregará plenamente a él. También para tomar refugio necesitamos estos dos ingredientes, temor y fe. Sin uno y otro, tomar refugio sería un acto hueco. Se dice en un Sutra:

El Tantra de Guhyasamaya es muy profundo, pero no tanto como tomar refugio.

Lo que hay entre la vida presente y la futura es solo una respiración; si a una exhalación no le sigue una inspiración, ya tendremos un pie en la vida futura. Si el karma negativo es más preponderante que el positivo, aunque ahora disfrutemos de una buena vida, en el futuro caeremos en los reinos inferiores.

Las descripciones de los sufrimientos que se experimentan en los reinos inferiores pueden llegar a ser muy explícitas, se dice que caminaremos por una superficie ardiente si caemos en un infierno caliente, o nos consumirán el hambre, la sed y el temor si somos un espíritu hambriento. En el reino animal, las condiciones no son mejores.

Si analizamos honestamente la calidad de nuestros actos, vemos que los negativos son más frecuentes y más enérgicos. Teniendo en cuenta la importancia de las tres etapas en cualquier acto: motivación, ejecución y conclusión para que sea un karma completo, y comparando los actos negativos con los positivos, vemos que en el caso de los últimos las tres etapas son débiles, mientras que solemos ser mucho más rotundos cuando nos implicamos en actos negativos.

Si recordamos una y otra vez el sufrimiento imperante en los reinos inferiores, surgirá ese temor necesario que nos impulsará a hacer algo inmediatamente para transformar nuestro futuro. Buscaremos una protección fiable: las Tres Joyas.

Pero para que las Tres Joyas puedan protegernos realmente de la existencia cíclica necesitamos sentir un miedo objetivo hacia la posibilidad de sufrir, además de estar convencidos de que pueden ayudarnos. Hay cuatro causas básicas que pueden dirigirnos a los reinos inferiores:

1. Ignorar de la ley de causa y efecto
2. El engaño
3. La falta de respeto por las Tres Joyas
4. La falta de rectitud

Cuando alguien está bajo la influencia de una de estas cuatro causas, no importa lo inteligente o conocido que uno sea, de manera natural crea causas para renacer en los reinos inferiores. Devadatta, un primo carnal del propio Buda podía recitar de memoria cientos de sutras pero renació en un infierno.

Lo contrario a estar sometido a las cuatro causas citadas es observar un comportamiento ético. Es decir, abandonar los diez actos negativos. El punto de partida para practicar Dharma es la observancia del karma tratando de evitar lo que nos perjudica, personal y colectivamente. Es preciso tener claro qué actitudes adoptar y cuáles evitar, para poder avanzar en nuestro camino, contando, además, con la ventaja de poder limpiar o purificar el karma negativo ya creado.

Cómo abandonar el apego a las vidas futuras
(4b)

Piensa una y otra vez en cómo las acciones y sus efectos nunca se malogran en el ciclo del sufrimiento:
Detén tu deseo por las vidas futuras.

Vivir nuestra existencia de acuerdo a unas normas éticas, nos hace seres más sociables, más felices y nos aparta de renacer en reinos inferiores. Pero, puesto que aún subsiste la raíz del samsara en lo hondo de nuestra psique, podríamos volver a experimentar este tipo de sufrimientos. Por ello, nuestro objetivo ha de ser liberarnos de todos los ámbitos del samsara, no exclusivamente de los reinos inferiores.

Como humanos, experimentamos el sufrimiento de nacer, envejecer, enfermar, morir, tener que separarnos de lo que más queremos y tener que encontrarnos con lo que nos desagrada. En el reino de los semidioses se soporta el execrable sufrimiento de la constante competitividad debida a la envidia y los celos. Los dioses viven vidas muy largas, rodeados de placeres que les hacen experimentar un gozo casi constante, lo cual consume grandes dosis del mérito que han acumulado en el pasado, dejándoles sin la oportunidad de crear más. Su clarividencia les permite ver su renacimiento futuro, generalmente en un reino inferior, y la angustia mental que les crea es peor que cualquier dolor físico imaginable.

Actualmente funcionamos con un nivel de mente ordinario y burdo que deja de funcionar cuando nos llega la muerte. La mente burda llega a alcanzar un grado de sutileza que desconocemos. Dicho nivel tiene el nombre de *mente muy sutil*, un nivel de consciencia que nos viene acompañando desde un tiempo sin principio y que viajará hasta la vida siguiente acompañada de nuestras impresiones kármicas. Dichas impresiones, positivas y negativas, son las que determinan nuestro destino.

Una vez superado el apego a las cosas de esta vida presente, quizá pensemos que tener una vida futura agradable es el gran objetivo a perseguir. Pero no es así, sería trasladar a la vida futura el apego que sentimos por los placeres de la presente.

El apego hacia la vida futura se supera meditando en la ley de causa y efecto y en los sufrimientos samsáricos. El tipo de cuerpo que vayamos a obtener en la vida futura es incierto, depende de nuestro karma, pero aun en el caso de renacer como dioses de larga vida, sería una existencia bastante insustancial. Desde un punto de vista relativo parecería un renacimiento agradable comparado con el dolor físico y mental de los reinos inferiores, pero tarde o temprano acabaríamos agotando el buen karma y renaciendo de todos modos en un reino inferior. Recordemos que en el reino de los dioses el ser vive tan extasiado por el constante placer que no tiene ocasión de generar karma nuevo, solo se limita a agotar el viejo. Vendríamos a ser como un condenado a muerte, cuya ejecución se pospone unos años.

Nuestra única salida, válida y eficaz, es buscar un recurso para no seguir renaciendo en samsara. El samsara no es un lugar lejano y misterioso. Samsara son nuestros propios agregados, el cuerpo y la mente, influenciados por nuestras acciones y emociones aflictivas. El camino que conduce hacia las vidas futuras es un sendero inexplorado; sólo puede alumbrarlo la luz del Dharma. Para vernos libres de este ciclo envenenado, es vital observar la ley de causa y efecto, entendiendo sus mecanismos según se explican en estas cuatro secciones:

1. Las acciones son irreversibles
2. Los resultados de las acciones aumentan
3. Sin crear una acción no se experimenta su resultado
4. Las acciones creadas no pierden su potencial

Las acciones son irreversibles

Un acto negativo produce un resultado desagradable y un acto positivo, lo contrario. Una semilla de chili da un fruto picante, y no dulce. Sembrar semillas de trigo y sentarnos frente a ellas rezando para que produzcan guisantes, es absurdo. Nuestros actos han de estar en consonancia con los resultados que pretendemos conseguir.

Los resultados de las acciones aumentan

Cuando creamos una acción, un karma, no se trata de algo estático sino que tiene la característica de aumentar. El Buda lo asemejaba al árbol *netoda,* cuya semilla es diminuta pero que al crecer es capaz de dar sombra a quinientos carruajes. Del mismo modo, un acto diminuto puede producir un resultado gigantesco.

Para ilustrar el hecho de que las acciones tienen la capacidad de acrecentarse, se cuenta la anécdota extraordinaria de un monje que había insultado a dieciocho religiosos de su monasterio; como resultado renació bajo el aspecto de una extraña criatura con dieciocho cabezas semejantes a cada uno de los insultos que había proferido, y además vivió un periodo inmenso bajo ese aspecto. El resultado de su acto fue tremendo.

Lo bueno es que también ocurre lo mismo desde el lado positivo, el resultado de un acto virtuoso diminuto puede ser extraordinario. Un niño le ofreció un puñado de arena a Sakyamuni, convencido en su imaginación infantil de que se trataba de oro puro, el resultado de su acto fue que renació como el glorioso rey Ashoka.

Aunque no es fácil aceptar que las semillas de los actos aumentan, esta ley universal rige también el mundo externo. La naturaleza de una semilla es crecer, lleva incorporada la facultad de expandirse. Podemos argumentar que una semilla crece gracias al agua y la luz, no brota espontáneamente. Sin embargo, respecto a las acciones o semillas kármicas sembradas en nuestra corriente mental debemos saber que son nutridas por los engaños. Cuando hemos abandonado los engaños, las semillas ya no aumentan. El karma es la semilla y los engaños son las condiciones que favorecen su expansión -el fertilizante, el calor, el agua-. De la misma manera que la semilla no crece sin un elemento exterior que la estimule, el karma no se expande sin la intervención de los engaños.

Lo remarcable aquí es que no importa lo pequeño que sea nuestro acto, positivo o negativo, el resultado puede llegar a ser enorme. Deberíamos evitar cualquier acto dañino, por inocente que parezca, y cultivar nuestros aspectos más positivos.

Sin crear una acción no se experimenta su resultado

En esta sección reflexionamos acerca de cosas que vemos a menudo a nuestro alrededor: En un accidente de coche mueren todos los que viajan en el vehículo, menos uno que sale ileso. Una persona cae de un quinto piso y apenas se lastima un brazo... evidencias de que sin haber creado una causa, no se recibe el resultado. La semilla cuyo resultado habría sido morir en un accidente de coche no había sido sembrada, ni tampoco la de quedar parapléjico al caer de un quinto. Sin causa no hay efecto, si no se ha creado el karma, no se recibe el resultado.

Las acciones creadas no pierden su potencial

Las semillas kármicas no se deterioran ni se desvanecen por sí solas, aunque hayan sido creadas hace miles de años, su resultado se producirá con toda seguridad cuando se den las circunstancias necesarias. Un granjero que deseaba convertirse en monje le pidió a Shariputra que le ordenara. Éste vio a través de su clarividencia que el hombre no había hecho ningún mérito para ser monje, pero el Buda pudo ver más allá que Shariputra y se dio cuenta de que en una de sus vidas pasadas había sido un insecto que, empujado por la lluvia, circunambuló accidentalmente una estupa: este acto meritorio había quedado grabado en su continuo mental y por ello deseaba ahora convertirse en monje. El potencial de nuestras semillas positivas no se pierde, por insignificantes y remotas que sean. Pero generar odio, celos, envidia y otros engaños merma su poder. El potencial de nuestras semillas kármicas negativas tampoco se pierde, pero podemos purificarlas y dejarlas totalmente desactivadas aplicando determinadas técnicas.

Los actos negativos nos propulsan, como a un cohete, hacia los tres reinos inferiores: infierno, reino de los pretas y reino animal. Los actos positivos nos catapultan hacia el reino de los dioses, semidioses y humanos.

Nuestra mente está habituada a generar y acumular karma negativo desde tiempo sin principio. Debido a esta tendencia somos fácilmente manejados por los engaños que no impulsan a seguir creando karma. Hemos de encontrar urgentemente un medio para abandonar esos estados mentales negativos y cambiar nuestra predisposición innata.

Somos cautivos del control que ejercen nuestras tendencias y engaños sobre la mente. Nuestra vida, pues, es conducida por los engaños que nos llevan a crear karma cuyo resultado son más problemas. Debemos aprender a transformar las mentes negativas en positivas por medio del estudio y la práctica del Dharma.

No reconocer como elementos manipuladores el apego, el odio y la ignorancia nos hace caer constantemente bajo su influjo, pero cuando seamos capaces de identificarlos y relacionarlos con el peligro que entrañan, seguro que vamos a hacer todo lo que esté a nuestro alcance para escapar de su dominio. A partir de entonces seguiremos creando actos -o karma- pero éste ya no tendrá poder para producirnos malestar.

El karma es como una semilla y los engaños los elementos externos que la hacen brotar. Si guardamos semillas en un almacén donde no entra la luz ni hay humedad, estas no germinarán; pero si las exponemos a las condiciones adecuadas, darán su fruto. Una semilla podría permanecer almacenada cientos de años y no germinar si se mantuviera alejada del agua y otros fertilizantes, del mismo modo, manteniéndonos alejados de los engaños, el karma creado por nuestros actos no produciría resultados en samsara.

Eliminar los engaños desde su raíz significa experimentar el Nirvana, y la persona que lo consigue se convierte en un Destructor de Enemigos, en un Arhat. Esto nos lleva a la pregunta ¿Se pueden eliminar los engaños? Con esfuerzo todo es posible. Una cita del texto *El que Habla la Verdad*, dice que incluso un insecto puede obtener la Liberación. El mismo Buda Sakyamuni, era un ser ordinario como nosotros, proclive a los engaños, pero gracias a su esfuerzo se convirtió en un ser Iluminado. Su enseñanza nos muestra el sendero que Él mismo recorrió.

Nuestra mayor dificultad radica en que no identificamos la naturaleza del samsara como sufrimiento, y nos apegamos a él esperando experimentar una felicidad imposible: nos convertimos en una abeja que circunda el panal de miel.

El samsara no es nuestro medio ambiente, no son la montaña o la playa, son nuestro cuerpo y nuestra mente. Desde el momento en que somos concebidos empezamos a experimentar sufrimiento, en mayor o menor medida. Aunque hay diversas maneras de clasificarlo las escrituras clásicas lo dividen en tres formas:

1. El sufrimiento del sufrimiento
2. El sufrimiento del cambio
3. El sufrimiento que lo impregna todo

El primero se refiere a todo tipo de sufrimientos obvios, desde el dolor de cabeza, a enfermedades graves. El segundo es lo que, a simple vista, parece felicidad pero que no es más que un sufrimiento disfrazado ya que toda la felicidad es susceptible de transformarse en sufrimiento. Si estamos mucho rato de pie nos cansamos y anhelamos sentarnos; al principio, nos sentimos muy a gusto, pero al cabo de un rato el bienestar se transforma en incomodidad y deseamos cambiar de nuevo de posición. Esto es algo que nos ocurre constantemente y en todas las áreas de la vida. El tercer tipo de sufrimiento lo impregna todo en el samsara y significa que nuestro cuerpo y nuestra mente actúan como un imán que atrae toda clase de problemas. El cuerpo y la mente actúan como los receptáculos que atraen los dos tipos de sufrimientos anteriores, el sufrimiento del sufrimiento y el del cambio, una vida tras otra.

La renuncia de la que hablan las escrituras no consiste en abandonar el país en el que vivimos, sino que es el deseo de liberarnos de los agregados contaminados creados por nuestro karma individual.

Nuestra memoria limitada, que borra incluso episodios vividos en esta misma vida, no nos permite recordar las existencias pasadas. Pero, bien mirado, resultaría enloquecedor recordar todas las veces que hemos renacido en samsara. ¿Cómo podemos romper esta cadena? En primer lugar incrementando actitudes positivas al máximo y minimizando las negativas hasta su desaparición, el objetivo subsiguiente: eliminar los engaños.

La medida que indica el desarrollo de la renuncia

(5)

Cuando has meditado de este modo y no sientes siquiera un momento de deseo por las cosas buenas de la existencia cíclica.

Y empiezas a pensar, tanto de día como de noche, en conseguir la libertad, has encontrado la renuncia.

Meditar en la naturaleza engañosa del samsara nos hará comprender su verdadera naturaleza y estaremos por encima del apego por las cosas de esta vida y las futuras. Cuando ese deseo de liberarnos sea tan intenso como el que tiene un reo por escapar de la muerte, podemos decir que sentimos la renuncia genuina. Observar la naturaleza insatisfactoria del samsara produce el deseo estable de obtener la liberación: este es el indicador de que poseemos la mente de la renuncia.

En ocasiones, después de escuchar enseñanzas, uno se siente lleno de entusiasmo y muy decidido a salir del samsara, pero ocurre que al cabo de un tiempo va dejando de lado la práctica. Solo habrá experimentado una fantasía de la renuncia. Una buena práctica de Dharma requiere esfuerzo continuo, abandonar porque no vemos resultados inmediatos es propio de un estudiante inmaduro.

La persona que pasa por un momento difícil de su vida o tiene problemas serios, los vive con tanta intensidad que incluso sueña con ellos. Cuando integramos el mismo grado de deseo por separarnos del samsara y conseguir la liberación, experimentamos la renuncia genuina.

Según los textos clásicos de Lam Rim o *Etapas del camino a la Iluminación*, la renuncia abarca las prácticas de las etapas del camino comunes a las personas de capacidad inicial y media. Es imposible generar una compasión auténtica sin renuncia. Sin sentir la propia situación en el samsara como algo insoportable, es imposible ampliar este sentimiento hacia los demás. Para ayudar a alguien que lo necesita, hemos de ser más fuertes y tener mayor capacidad que esa persona, en caso contrario, nuestra ayuda será poco efectiva.

La bodhichita

La bodhichita

Razón por la que generar la bodhichita
Cómo generar la bodhichita
La medida que indica el desarrollo de la bodhichita

Razón por la que generar la bodhichita

(6)

La renuncia, no obstante, nunca puede aportar el gozo total de la incomparable Budeidad, a menos que esté atada al Deseo más puro. Por ello, los sabios buscan el elevado Deseo de alcanzar la Iluminación.

La renuncia es imprescindible para obtener el Nirvana, y la bodhichita es causa fundamental de la Iluminación. Sin ella, aunque alguien posea poderes sobrenaturales como clarividencia, no habrá siquiera entrado en la familia mahayana.

Los Oyentes y Realizadores Solitarios han experimentado la vacuidad directamente y abandonado los engaños, sus cualidades son tan formidables como una montaña de oro, pero les falta la bodhichita para obtener la Iluminación. Es decir, no han abandonado *todo lo que se debe abandonar*, ni poseen todas las destrezas *que se deben experimentar*: no pueden beneficiar a los seres conscientes en el sentido completo de la palabra.

La bodhichita es el elemento que transforma la práctica de Sutra y Tantra y la convierte en causa para obtener la Iluminación. Es como un elixir que convierte el metal en oro, porque transforma nuestro cuerpo ordinario en el cuerpo de un Buda. Este estado mental es apreciado y valorado por todo tipo de personas, incluso por aquellas que no se consideran religiosas, porque todos respetan a quien muestra amor por los demás.

Tradicionalmente, el poseedor de la bodhichita, sea laico o monje, hombre o mujer, rico o pobre, será considerado un Hijo de los Victoriosos y se convertirá en objeto de reverencia y pleitesía. Cualquier acto motivado por la bodhichita se vuelve una práctica mahayana. Ayudar de corazón a los demás nos acerca al estado Iluminado, evitar perjudicarles nos acerca a la Liberación.

La mente ordinaria está recubierta de dos tipos de obstáculos: el que impide la Liberación, producto de los engaños, y el que impide la Budeidad, producto de las impresiones que esos engaños dejan en la mente. Para llegar a la Liberación basta con abandonar el primer nivel de obstáculos, pero para alcanzar la Budeidad se deben haber superado ambos. Por ello, quien llega a la Liberación, tarde o temprano, proseguirá su camino hasta la Iluminación.

Comprender el propio sufrimiento y desear liberarse del mismo, produce la mente de renuncia. Cuando este deseo se hace extensivo a los demás produce la gran compasión, madre de la bodhichita. Si queremos salvar a alguien que se revuelve atrapado en un pantano, debemos posicionarnos firmemente o no seremos capaces de tirar de él. La renuncia es un preparativo para obtener la gran compasión, ambas son interdependientes. Tanto en los grandes textos de *Lam Rim* como en *Los Tres*

Senderos del camino se explica que sin bodhichita no hay Iluminación.

Aunque ahora mismo nuestra mente de la bodhichita no es real, es solo una aspiración, hemos de orientarnos en esta dirección, concediéndoles a los demás mayor importancia. Esta era la oración de Langri Tangpa:

> Ojala pueda ser capaz de ofrecer la victoria a los demás y aceptar para mi la derrota.

Gueshe Chekawa le preguntó en una ocasión a Gueshe Sharawa si era posible poner en práctica aquel verso. Su repuesta fue clara: no podía asegurar que fuese tarea fácil, pero sí un requisito imprescindible para llegar a la Iluminación.

Cómo generar la bodhichita

La bodhichita no se generará de manera espontánea, es preciso cultivarla. Necesitamos seguir uno de los métodos siguientes: el primero es conocido como "las seis causas y un efecto" y proviene del linaje que Sakyamuni Buda otorgó a Maitreya y Asanga. El segundo, "igualarse y cambiarse por los demás" les fue transferido a Manyushri y Shantideva respectivamente. Para que estas enseñanzas produzcan en nosotros el resultado último, necesitamos la transmisión oral de la instrucción (Tib: *lung*). Tratándose de enseñanzas tan especiales y exclusivas, no basta con leer el libro, debemos tratar de recibir la transmisión de boca de un Maestro del linaje de esta instrucción precisa.

Estas son las seis causas y un efecto: seis etapas previas y una consecuencia resultante:

1. Reconocer que todos los seres han sido tu madre
2. Recordar la amabilidad de todos los seres
3. Desear devolver la amabilidad de todos los seres
4. El amor afectuoso
5. La gran compasión
6. La intención suprema
7. La bodhichita

No es posible encontrar un solo ser vivo que no haya sido nuestra madre en el pasado, igual que tampoco tiene límite el número de veces que hemos renacido. El cuerpo que tenemos en esta vida procede de nuestros padres, sin embargo nuestra mente -lo que conforma nuestro mundo interior de sentimientos, sensaciones, predisposiciones y tendencias- es una continuidad de la mente que tuvimos en nuestra vida previa. Nuestra mente no empieza a funcionar cuando somos concebidos, sino que es una continuidad posterior de aspecto similar en naturaleza a su estado previo. Puesto que el instante de mente actual viene de un momento previo, sería posible seguirla hacia atrás sin encontrar un principio fijo. Si hemos renacido innumerables veces, necesariamente habremos tenido innumerables madres: son todos los seres que nos rodean.

Samsara es como una gran representación teatral en la que los diferentes papeles que interpretan los personajes se van intercambiando: en una vida hemos sido el hijo de alguien en particular, en otra el hermano, el amigo, el enemigo o quizá un extraño para él o para ella. En esta obra solo se baja definitivamente el telón cuando nos convertimos en un ser Iluminado.

No es fácil asumir el hecho de que nuestros nacimientos samsáricos no tienen un principio, pero es aún más difícil sostener razonablemente que sí lo hubo. Si así fuera, deberíamos poder señalar un principio y afirmar: "aquí empezó a existir un continuo mental que antes no existía". La tesis de que estamos aquí porque Dios nos envió para luego volver a llamarnos a su lado, está basada en la idea de que la creación se origina en un momento determinado. Está idea es compartida por hinduistas y cristianos, ambas religiones sostienen que hubo un principio y, puesto que éste no se puede localizar, conciben a un Dios como el ente creador de todo. Es una manera de satisfacer el anhelo humano de saber de dónde venimos. La explicación budista gravita por un lado en la continuidad de la consciencia, en el karma, la ley universal de causa y efecto, y en el vacío, la naturaleza última de las cosas.

No se puede negar que los seres han sido nuestra madre por el simple hecho de no recordarlo. Si lo analizamos, la posibilidad nos resultará más que obvia. Pero a pesar de ello, nos sentimos próximos a unos, alejados de otros e indiferentes con el resto. Para despertar la bodhichita hemos de cultivar un estado de total ecuanimidad, entendiendo que los que amamos pueden haber sido nuestro peor enemigo en vidas pasadas, y los enemigos actuales nuestros mejores amigos. Esta forma de pensamiento nos lleva a un estado mental ecuánime hacia todos.

¿Cómo nos sentiríamos si viéramos a nuestra madre en mitad de la noche siendo arrastrada por la furiosa corriente de un río, inmovilizados sus pies y sus manos por cadenas? Sería una visión insoportable, desearíamos salvarla con todas nuestras fuerzas, nos sentiríamos absolutamente responsables de la situación: la única esperanza para esa madre es su hijo, y que este no le prestara ayuda sería trágico.

El texto raíz ilustra cómo las corrientes de cuatro poderosos ríos nos conducen al samsara.

(7)

Son arrastrados por las cuatro violentas corrientes de un río.

Estrechas cadenas difíciles de soltar les atan a sus actos pasados.

Oprimidos dentro de la jaula de acero de su aferramiento a "lo inherente", asfixiados por la negra noche de la Ignorancia.

(8)

Nacen en una rueda sin fin, y en sus nacimientos son torturados sin tregua por los tres sufrimientos.

Piensa en cómo se sienten tus madres, piensa en lo que les aflige.

Por ellos: intenta desarrollar este deseo sublime.

Distinguimos dos tipos de *ríos*. Los cuatro ríos *causales* y los cuatro *resultantes*. Los primeros son: la ignorancia, la visión de lo compuesto y transitorio[8], el apego, la existencia cíclica (samsara). Estos cuatro producen los cuatro ríos resultantes que nos arrastran en sus corrientes sin elección, son: el nacimiento, la vejez, la enfermedad y la muerte,

"Estrechas cadenas, difíciles de soltar, les atan a sus actos pasados". Al nacer estamos atrapados por las

---

[8] La visión de lo compuesto y transitorio es un tipo específico de ignorancia. Es la relacionada con confundir el modo de existencia del yo.

cadenas de los engaños y el karma. "Oprimidos dentro de la jaula de acero de su aferramiento a lo inherente": la raíz del samsara es el aferramiento a la existencia inherente, o ignorancia innata que, cual "jaula de acero", nos mantiene presos.

Los seres que nos rodean, nuestras madres, están sumidos en la oscura noche de la ignorancia que les impide identificar lo que deben practicar y lo que deben abandonar, viven controlados por el aferramiento a la existencia inherente. Como los ríos desembocan en el mar, la corriente de las aflicciones nos lleva directamente al gran océano de la existencia cíclica. Igual que el agua del río se funde inevitablemente con el agua del mar, nacer en el samsara supone soportar increíbles sufrimientos.

Aunque el sufrimiento que experimentan nuestras madres es multidimensional, se puede concretar en tres: el sufrimiento del sufrimiento, el sufrimiento del cambio y el sufrimiento que lo impregna todo, descritos en el capítulo anterior.

Igual que un buen hijo se tira al agua sin dudarlo para ayudar a su madre que está a punto de ser engullida por las aguas de un río, hemos de ayudar a nuestras madres que son todos los seres. No nos queda otra alternativa que la de asumir esta responsabilidad. Sin embargo, un sencillo análisis deja claro que carecemos de capacidad para ayudarles, ya que en este momento ni tan siquiera podemos ayudarnos a nosotros mismos. Puesto que un Buda sí podría hacerlo, despertamos el espontáneo deseo de llegar a su estado para ayudar a todos los seres. Este deseo es la bodhichita. El gran yogui Kuntang Jampelyang, solía decir:

Igual que nos abastecemos de víveres antes de emprender un largo viaje, hacen falta provisiones para viajar hacia las vidas futuras: necesitamos la buena práctica del Dharma.

La causa sustancial de la bodhichitta es despertar amor bondadoso y compasión. El amor y la compasión pueden seccionarse en las dos aspiraciones siguientes: el deseo de que los demás tengan felicidad, y el deseo de que todos los seres se liberen del sufrimiento.

En el continuo mental de los Oyentes y Realizadores Solitarios subyacen el amor y la compasión desinteresados, sin embargo, su altruismo no abarca a *todos* los seres conscientes. Esto nos da una idea de lo difícil que es de alcanzar la bodhicitta, una mente así no surge de manera espontánea porque no estamos acostumbrados a ella, pero por medio de la práctica del *Adiestramiento de la Mente,* o *Lo Yong,* podemos llegar a conseguirlo.

La ecuanimidad es como la tierra, el amor es el fertilizante, la compasión es la semilla y la bodhichitta es el fruto. Para recoger una buena cosecha hemos de preparar el campo, abonarlo bien y limpiarlo de malas hierbas. Si no somos capaces de recoger el fruto de la bodhichita es porque en el campo de nuestra consciencia no se dan todas las condiciones para que pueda germinar la semilla. Un campo muy pedregoso es como un desierto, difícilmente crecerá algo. La práctica de la ecuanimidad implica superar el apego hacia nuestros amigos y familiares, la aversión hacia los que nos disgustan y la indiferencia hacia los desconocidos.

Para practicar la ecuanimidad es bueno observar a la gente que nos es indiferente y analizar, ¿por qué debería sentirme apegado o desdeñar a cualquiera de esas personas? ¿Por qué aferrarme a unos y odiar a otros cuando, en realidad, son todos iguales? Ninguno de ellos desea sufrir y anhelan la felicidad tanto como yo. Hagamos lo propio con el amigo y preguntémonos, ¿cuántas veces mi amigo habrá sido mi enemigo en vidas pasadas? Incluso en esta misma vida hemos podido tener la experiencia de que nuestro amigo más íntimo se convierte con el tiempo en un extraño y, a veces, acabamos detestándole. Qué sentido tiene marcar tales diferencias si todos somos lo mismo en esencia. Hemos de reflexionar hasta que estos engaños que nos hacen situarnos en los extremos, desaparecen.

Una vez alcanzado un estado de consciencia ecuánime nos resultará más fácil *admitir* que todos los seres han sido nuestra madre, *reconoceremos* su amabilidad y *desearemos* devolverla. Estas tres actitudes producen de manera natural el amor afectuoso cuya consecuencia inmediata es la gran compasión. Cuanto más fuerte es el sentimiento de gran compasión más fuerza adquiere la bodhichita. Una vez generada la gran compasión, el meditador se concentra en el supremo deseo de adoptar la responsabilidad de liberar a los seres de su sufrimiento, este deseo se conoce como intención superior. La gran compasión es como el enérgico deseo que tiene la madre por liberar a su hijo del dolor; la intención superior –ese deseo supremo– significa implicarse a nivel práctico para liberarle. La intención superior da paso a la bodhichita. Puesto que cada etapa de desarrollo depende de la anterior, esta técnica se denomina *las seis causas y un efecto*.

Para generar la bodhichita, que como se ha dicho no surge espontáneamente, es preciso estudiar en profundidad los textos de *Lo Yong*[9]. Gueshe Chekawa solía denominar a este adiestramiento "la ciudad que da la dicha". Aunque un practicante pase por adversidades, puede transformarlas gracias al poder de su pensamiento para que le proporcionen una fuente inagotable de felicidad. La manera de pensar del buen practicante de *Lo Yong* es opuesta a la habitual: no le importa encontrarse con dificultades porque las ve como un medio para progresar. Entiende que las circunstancias benévolas queman el karma positivo que ha creado en el pasado, mientras que las desfavorables lo purifican. Aplicando esta técnica puede llegar a eliminar grandes obstáculos mentales, porque la única medicina que puede curar el malestar mental se halla en la propia mente.

Sin aplicar medios para curar la energía negativa que llega a producir nuestra mente, los problemas no harán más que aumentar y pueden llegar a arrastrarnos incluso a determinaciones dramáticas como el suicidio. Para un practicante experto, el descontento o la insatisfacción son como un ornamento para su práctica. Uno de los males de nuestro tiempo es la depresión, que además favorece la aparición de dolencias físicas porque el enfermo entra en una espiral negativa. En estos casos hemos de recordar la famosa estrofa de la *Guía a la forma de vida del Bodhisatva*, de Shantideva:

Si tus problemas tienen solución ¿Por qué te preocupas?

Y, si no la tienen ¿por qué sigues preocupado?

---

[9] Ver el libro *Cambia tu Corazón, Transforma tu vida*, un comentario al texto de Lo Yong, *Rayos de Sol*, según enseñanzas orales de Gueshe Tamding Gyatso. Ha sido publicado por Ediciones Amara.

Llegar al extremo de quitarse la vida por desconocer aquellos métodos internos que podrían ayudarnos a controlar las aflicciones mentales, los engaños, es muy triste. La desesperación no conduce a nada, solo sirve para desperdiciar la maravillosa oportunidad que nos proporciona este cuerpo humano. Los Gueshes Kadampa de antaño decían:

> Si uno pudiera retrasar el momento de su muerte, aunque fuera una semana o dos, este tiempo le permitiría trabajar y seguir sembrando para la vida futura. Si uno pudiera retrasar el momento de su muerte, uno o dos años, tendría la oportunidad de seguir trabajando para conseguir la Iluminación.

Reconocer a todos los seres como a tu madre

Para entender que todos los seres han podido ser nuestra madre, profundicemos en el hecho de que para nacer hacen falta dos causas principales: la sustancial y la secundaria. La causa sustancial del cuerpo ha de ser necesariamente un fenómeno de naturaleza similar, es decir, de naturaleza material; la causa sustancial de la mente también deberá ser un fenómeno de naturaleza parecida, es decir, inmaterial. El origen de nuestro cuerpo lo hallamos en el óvulo que fue fecundado por el semen de nuestros padres. Pero estos elementos físicos no son el origen de nuestra mente. El origen de la mente actual es aquella sustancia mental que se incorporó a la mezcla de las gotas de nuestros padres en el momento de ser concebidos. Esta sustancia mental provenía de un momento de mente anterior –la mente del bardo– que, a su vez, provenía del último momento de consciencia de nuestra muerte en la vida previa. Así nos iríamos remontando hacia atrás en un continuo de momentos de mente que no tiene principio ni fin. No hay otra explicación posible. La mente de hoy proviene de la de ayer, ésta, de la de antes de ayer, y esta última del año pasado, y del anterior, de nuestra niñez, de nuestra gestación... así hasta el infinito.

El samsara no tiene principio; no se puede señalar un momento en el que el ser es creado, ni un lugar en el que no haya renacido, ni se puede afirmar que, en esta larga cadena, alguien *no* haya sido nuestra madre.

Una de las razones por las que no recordamos a nuestra madre en la vida pasada es que durante los nueve meses y diez días que pasamos en el vientre de nuestra madre actual, creamos con ella un vínculo increíblemente fuerte. La unión de un hijo con su madre es muy intensa. Pero esta no es razón suficiente para afirmar que no hemos podido tener otras madres. De hecho, si después de nacer nos hubieran separado de nuestra madre actual, tampoco a ella la reconoceríamos.

Recordar la amabilidad de todos los seres

Una vez aceptamos que todos los seres han sido nuestra madre, es bueno recordar la amabilidad y el afecto con que nos han tratado. Una madre siempre se preocupa por su hijo, la nuestra ha tratado siempre de protegernos desde que nos trajo al mundo. De pequeños no sabíamos hacer nada más que agitar brazos y piernas, y llorar para reclamar su atención. Ella nos alimentaba, nos daba abrigo y nos mantenía limpios. No dejó de supervisar nuestro crecimiento hasta que fuimos autónomos. Sin sus cuidados no habríamos sobrevivido. Nuestra madre ha sido increíblemente bondadosa con nosotros, aun cuando nos regañaba lo hacía por nuestro bien. Como ella, todos los seres han sido igual de bondadosos con nosotros en alguna vida pasada. Contemplar una y otra vez esta amabilidad hará surgir fácilmente el deseo de devolverla.

Desear devolver la amabilidad de todos los seres

Para desear devolver la amabilidad de todos los seres, hemos de observar la situación en la que están atrapados desde tiempo sin principio recordando:

> "Atados por el karma y los engaños, son arrastrados por los cuatro ríos poderosos y experimentan los tres tipos de sufrimientos. Mis madres no desean sufrimiento pero no saben cómo apartarse de sus causas, y aunque desean felicidad, ignoran como conseguirla pues carecen de la sabiduría que discierne entre lo que se debe abandonar y lo que se debe practicar. Su situación es difícil. Sería triste no hacer algo por ellas, haría de mí un hijo desagradecido.
>
> ¿Debería contentarme con darles comida, ropa y cobijo? No, esta ayuda es solo temporal. La mejor manera de devolver su bondad es ayudarles a encontrar la felicidad eterna, liberarles para siempre del dolor".

El amor afectuoso, la gran compasión, la intención suprema y la bodhichita

La causa substancial para despertar la mente de bodhichita es la gran compasión. Así lo ilustra Chandrakirti en su *Madhyamakavatara*.

Empiezo enalteciendo la gran compasión, porque para esta fecunda cosecha de los Conquistadores, la compasión es la semilla, es el agua que la hace crecer, y el fruto que perdura para un largo disfrute.

Aceptar a los seres como a la propia madre, reconocer su amabilidad y tratar de devolver esa bondad, son el fundamento para despertar amor y compasión. Meditar consecutivamente en el amor que desea que los demás tengan felicidad, en la compasión que no soporta verles sumergidos en el sufrimiento, y en la intención superior de tomar la responsabilidad de liberarles, produce la aspiración de socorrer definitivamente a todos seres: es decir, produce la bodhichitta. Son las *tres causas* que dan lugar a un *efecto*.

Según las enseñanzas budistas cuidar el medio ambiente es también muy importante. Buda dijo que la Tierra es como una madre, para demostrarlo nació, se iluminó y murió debajo de un árbol. Dejó instrucciones específicas a sus discípulos para proteger el planeta del que dependen todos los seres vivos, la tierra. Como a la madre que nos da la vida, tenemos la obligación de protegerla.

En la *Guía a la forma de vida del Bodhisatva*, Shantideva enfatiza la técnica de cambiarse por los demás para despertar bodhichita. Se trata de una práctica más profunda y poderosa que la recién descrita. He aquí un breve esbozo de las cinco etapas a seguir, aunque en un orden diferente al presentado en el lam rim, *Senda de Luz*:

1. Contemplar las desventajas del egoísmo
2. Contemplar los beneficios de estimar a los demás
3. Igualarse y cambiarse por los demás

4. Tomar y dar (tong len)
5. Bodhichita

Contemplar las desventajas del egoísmo

Esta meditación consiste en considerar las desventajas del egoísmo, entendiéndolo como la causa de todos nuestros males. Tenemos una tendencia innata al egocentrismo, algo que no sólo va en contra de los principios espirituales más básicos, sino que dificulta la convivencia en la sociedad. El aferramiento a una entidad inherente y el egoísmo son como el rey y su primer ministro, se apoyan y refuerzan mutuamente. Hemos de luchar en nuestra vida cotidiana contra el sentimiento egoísta.

Contemplar los beneficios de estimar a los demás

Estimar a los demás es la práctica mahayana por excelencia; apreciaremos sus ventajas comparando las conquistas de un Buda a nuestros pobres réditos espirituales. Al principio, el Buda y nosotros éramos lo mismo, simples seres ordinarios; en ocasiones habíamos sido su madre y, en otras, Él fue la nuestra.

Buda se convirtió en un ser Iluminado porque amó a los demás de un modo extraordinario. Nosotros seguimos siendo pobres mortales porque no hemos despertado esta actitud.

Igualarse y cambiarse por los demás

Hemos de meditar en un tipo de ecuanimidad específica cuando trabajamos la técnica de igualarnos y cambiarnos por los demás. Esta técnica consta de nueve etapas, extraídas todas ellas de la *Guirnalda Preciosa* y la *Guía del Bodhisatva*, según la sabia enseñanza del venerable Triyang Rimpoche, Maestro de Gueshe Tamding Gyatso.

Esta instrucción consta de nueve etapas, seis desde el punto de vista convencional y tres desde el punto de vista último. Las primeras seis se dividen, a su vez, en tres razones relacionadas con los demás y tres razones personales.

Tres razones relacionadas con los demás

1   Todos los seres son idénticos a mí porque, igual que yo, *también* quieren felicidad y aborrecen el sufrimiento.
2   Todos los seres son idénticos a mí porque a pesar de desear felicidad se ven privados de ella. Diez pordioseros son idénticos entre sí pues todos desean la ropa y comida que no tienen.
3   Todos los seres son idénticos a mí porque no desean malestar pero han de experimentarlo. Si un médico tiene a diez pacientes sufriendo la misma enfermedad, no hará diferencias en su tratamiento.

Tres razones desde el punto de vista personal

1   Para contrarrestar la concepción errónea que establece diferencias entre los seres porque algunos me ayudan y otros me perjudican, has de pensar que todos ellos han sido tu madre en el pasado y volverán a serlo en el futuro.
2   Para contrarrestar la concepción errónea de discriminar

por razón de que algunos nos perjudican y otros nos resultan indiferentes, sirve pensar que la gente neutra, en realidad, nos protege. La comida, la ropa que vestimos y la casa en la que vivimos... todo ello se lo debemos a personas que ni siquiera conocemos. Nuestros enemigos también hacen algo por nosotros: nos permiten progresar en la perfección de la paciencia.

3 Para contrarrestar la concepción errónea de pensar que los seres neutros son iguales que nosotros, pero los enemigos son diferentes puesto que nos perjudican, hay que aplicar el siguiente razonamiento: "mi enemigo no tiene control, es víctima del odio, es esclavo de su aversión, y yo también lo soy. Somos iguales porque el odio nos domina". Es ridículo que un esclavo se sienta diferente a otro esclavo.

Tres razones desde el punto de vista último

1 Si alguien fuese de manera innata un enemigo nuestro, incluso un Buda debería verlo así. Si de verdad existiese un contrario con estas características, sería merecedor de nuestra ira.

2 El estado del enemigo cambia. No existe un enemigo permanente ya que puede transformarse en amigo y viceversa. Kuntang Jampelyang decía "Tu mejor amigo de hoy puede convertirse en tu peor enemigo mañana". Gueshela comentaba a menudo que en Europa las parejas empiezan con una relación muy vehemente pero, se separan con relativa facilidad. Según él, la causa era no estar familiarizados con el sentimiento de igualdad. Tendemos a generar sentimientos de proximidad y lejanía continuamente. Nuestro propio refranero dice que "Del odio al amor

no hay más que un paso y del amor al odio hay más de mil" Los sentimientos cambian...

3 Amigo y enemigo son proyecciones de nuestra mente y no situaciones que se producen fuera. El amigo es creado por nuestras concepciones y depende completamente de ellas. A la gente que nos ayuda los proyectamos y etiquetamos como amigos, y a los que nos causan problemas los tachamos de enemigos o adversarios. Amigo y enemigo dependen completamente de nuestra proyección. Como "aquí y allí". *Allí* existe en dependencia de *aquí* y viceversa. Cuando se cambia la perspectiva, "esta montaña" pasa a ser "aquella montaña".

Estos nueve razonamientos adiestran nuestra mente para igualarnos con los demás. Cada uno de nosotros se ve especial y muy diferente del resto, nos cuidamos y protegemos con gran esmero, y los demás ocupan casi siempre un segundo plano. Cambiarse por los demás no significa convertirse en otro ser, significa invertir esta actitud: en vez de estimarte tanto a ti mismo, antepones el interés por los demás al tuyo propio. Ayuda a efectuar este cambio haberse adiestrado en los nueve puntos previos.

Dar y tomar (tong len)

Una vez comprendidas las desventajas del egoísmo, las ventajas de estimar a los demás, y establecido el deseo de igualarnos con ellos, abordamos la práctica de tomar el sufrimiento de los seres y darles todo lo que su corazón anhela. Para ello utilizamos *la compasión y el amor.* Cuando empezamos a ser expertos y dominamos ambos, podremos practicar utilizando nuestra respiración. Al inhalar absorbemos (desde la compasión) el sufrimiento de todos los seres en nuestro corazón, donde se disuelve, y nos regocijamos pensando que todos ellos se liberan del dolor.

Gueshela transmitió aquí una instrucción especial que había recibido de su Maestro del Corazón, Lama Tobden. Consiste en imaginar que todo el sufrimiento entra en nuestro cuerpo bajo el aspecto de humo negro y se disuelve en el corazón, donde visualizamos nuestro egoísmo en forma de una oscura esfera. Cuando el humo negro toca la esfera, la oscuridad se destruye. Al expeler el aire, surge luz blanca de nuestros orificios que simboliza nuestro propio cuerpo, todo lo que poseemos y nuestra virtud del pasado, del presente y del futuro. Todo ello se lo ofrecemos a los seres, todos sus deseos temporales y últimos quedan colmados. Nos sentimos profundamente dichosos.

Hay diferentes visualizaciones para la práctica del *tong len:* podemos imaginar que el sufrimiento es absorbido en forma de violenta tormenta. Lluvia, rayos y granizo destruyen nuestro egoísmo representado como una pequeña llama en mitad del pecho.

Un practicante de *Lo Yong* tiene una visión panorámica de los problemas y dificultades que, inevitablemente, nos depara la vida. Los usa para empatizar y solidarizarse con el dolor los de los demás.

El practicante transforma el sufrimiento en un adorno. Lo utiliza para destruir el orgullo y estimular la compasión hacia todos los demás. La evidencia del sufrimiento despierta las mentes de renuncia y compasión. La gran compasión da lugar a la intención superior: "Yo mismo tomo la responsabilidad de satisfacer todos los deseos de los seres".

La bodhichitta es la energía vital del vehículo mahayana y por ello todos los bodhisatvas la han adoptado como su práctica esencial.

La medida que indica el desarrollo de la bodhichita

La bodhichita es un estado de consciencia producido por la gran compasión. ¿Cómo se sentiría una madre al ver a su hijo en medio de un incendio? No resistiría esta visión ni un segundo. Para generar la bodhichita uno debe sentirse espoleado por el sufrimiento de todos los seres, particularmente el insoportable sufrimiento de los reinos inferiores, y no tolerar esta imagen.

Como esa madre que ve a su hijo a punto de ser devorado por las llamas, piensas: "He de tomar la responsabilidad de salvarles", igual que la madre se lanzaría a salvar a su hijo sin dudarlo un segundo. "Pero me falta capacidad, me falta poder... por ello debo obtener el estado de Buda". Generar la intención pura de llegar al estado de Buda para rescatar a los seres del dolor es la bodhichita. Esta intención, inicialmente especulativa, debe llegar a ser innata.

La bodhichita tiene dos aspiraciones o deseos: el beneficio ajeno y el beneficio propio. La mente primaria que es dueña de estas dos aspiraciones es la bodhicita. El deseo de ayudar a los demás nos lleva al deseo de obtener la Iluminación que lo hará posible, igual que el deseo de beber nos lleva a buscar agua. Lo primordial es desear hacer el bien, el propio provecho surge paralelamente. Aunque lo que nos quita la sed es el agua, sin un recipiente con que escanciarla, no podríamos beber. El deseo que nos motiva es liberar a los demás de su dolor, pero no podremos hacerlo si antes no nos convertimos nosotros mismos en un Buda.

La visión correcta de la vacuidad

Esta sección tiene cinco apartados:

1. Razón por la que meditar en la visión correcta
2. Cómo establecer la visión correcta
3. El límite que indica que el análisis no se ha completado
4. El límite que indica que el análisis se ha completado
5. La característica especial prasangika madhyamika

El efecto que se produce en nuestra mente por el simple hecho de escuchar instrucciones sobre la vacuidad es diferente al que se produce con otras enseñanzas. Tan solo generar dudas acerca de la realidad que percibimos y concebimos, ya debilita la raíz del samsara. En este sentido, el capítulo octavo de los *Cuatrocientos Versos* de Aryadeva señala:

Aquellos con poco mérito
Ni tan siquiera dudan de esta enseñanza.
Tan solo dudar un poco
Rompe en pedazos la existencia mundana.

En el mismo capítulo añade:

No hay otra puerta para encontrar la paz,
Y destruir las visiones erróneas.

Aquello que es el propósito de todos los Budas
Se llama la ausencia de existencia inherente.

Razón por la que meditar en la visión correcta

(9)

Puedes dominar la renuncia y el deseo de obtener la Iluminación, pero a menos que poseas la sabiduría que percibe la realidad, no podrás cortar la raíz de la vida cíclica: Esfuérzate en los medios para percibir la interdependencia.

Estos versos nos indican que la renuncia y la bodhichita no son suficientes para ir más allá del dolor. No obstante, la comprensión de la vacuidad sin renuncia y bodhichita tampoco lo sería. *El Sutra de Vimalakirti* señala:

La sabiduría que no está empapada del método es esclavitud.
La sabiduría empapada del método es libertad.
El método que no esté empapado de sabiduría es esclavitud.
El método empapado de sabiduría es libertad.

Sin renuncia nunca llegaríamos a alcanzar la Liberación, sin bodhichita no obtendríamos la Iluminación, pero sin la visión correcta del vacío no pasaríamos siquiera del sendero de acumulación, y nos quedaríamos a las puertas de los senderos restantes —preparación, visión y meditación. Sin recorrer estos tres senderos, la Liberación y la Iluminación quedarían fuera de nuestro alcance. La sabiduría que comprende la vacuidad, pues, es imprescindible para llegar a estos dos elevados estados, que son el objetivo de un practicante sincero.

Para obtener el estado de Buda necesitamos dos cuerpos, el Cuerpo de la Forma y el Cuerpo de la Verdad, y cada uno tiene su causa respectiva. El primero se obtiene acumulando mérito; el segundo acumulando la sabiduría de la visión correcta. Los dos son como las alas del pájaro que nos eleva hasta la Iluminación.

Para erradicar la ignorancia que se aferra al fenómeno como si existiese de un modo intrínseco hemos de desarrollar la mente opuesta, una que aprehende el fenómeno tal y como es: libre de existencia intrínseca o inherente. Pero si deseamos acceder a la Iluminación hemos de añadir el elemento indispensable: la bodhichita.

La raíz de la existencia cíclica es la *ignorancia que se aferra a una entidad inherente o intrínseca en las cosas*. Por esta razón es tan importante esforzarse en comprender que todos los fenómenos existen de modo diametralmente opuesto: gracias a una relación dependiente.

La estrofa del texto raíz no nos anima a tratar de comprender la vacuidad, sino más bien la relación dependiente o interdependencia de los fenómenos. Es así porque se trata del mejor modo de percibir la vacuidad.

En el budismo hay cuatro escuelas filosóficas y cada una de ellas plantea la vacuidad de manera ligeramente diferente; van de un nivel burdo al más sutil.

Asumir que todos los fenómenos existen gracias a una base de imputación y una etiqueta adjunta, es el paso previo a la visión correcta. Si comprendemos que los fenómenos no existen de un modo autónomo o independiente, estaremos en el buen camino para experimentar la vacuidad. Vacuidad es ausencia de existencia inherente o intrínseca en los fenómenos.

El odio, el apego y la ignorancia son los tres venenos que nos atan al samsara. Los dos primeros son las ramas y las hojas respectivamente, que nacen del tronco de la ignorancia. Para cortar un tronco necesitamos un hacha, un brazo fuerte y un cuerpo estable. El comportamiento ético vendría a ser el cuerpo estable, la concentración es el brazo fuerte y el hacha que corta directamente la raíz del tronco es cultivar un modo diferente de concebir y percibir los fenómenos: la sabiduría que comprende la vacuidad.

Aunque las visiones incorrectas que polucionan la mente son muchas, se pueden sintetizar en tres:

1 Confundir el sufrimiento por felicidad
2 Confundir lo que es transitorio por estático
3 Confundir lo que carece de existencia intrínseca otorgándole dicha existencia

De los tres, la última es la peor. Sin visión correcta no es posible liberarse totalmente del ciclo samsárico. Practicantes de todas las religiones han accedido a elevadas experiencias espirituales gracias al total dominio de la permanencia apacible, o concentración suprema. Ello les ha permitido viajar del reino del deseo al de la forma, y de éste, al reino sin forma. Sin embargo, ninguno de estos practicantes ha podido eliminar la ignorancia innata al no haber experimentado la vacuidad.

Al llegar al reino sin forma muchos piensan, equivocadamente, que han obtenido la Liberación, estado en el que los engaños han desaparecido para siempre. Es primordial elegir un sendero de desarrollo interior correcto, uno que procure explicaciones perfectas sobre la vacuidad. Implicarse en prácticas inexactas no reporta beneficios definitivos. De la misma manera que cuando elegimos un coche no queremos que nos den gato por liebre y exigimos las mejores prestaciones, deberíamos valorar el sendero espiritual analizando todos sus pros y contras y no seguir el primero que nos encontremos, por muy popular que sea.

Para entender la vacuidad, Buda propone enseñanzas interpretativas y definitivas. De manera resumida, las primeras se refieren a las que se daban con la intención de que los oyentes obtuvieran un significado subsiguiente, ulterior. Las enseñanzas definitivas son aquellas que pueden ser tomadas literalmente. De acuerdo con la escuela prasangika madhyamika, las enseñanzas que presentan la vacuidad, son un ejemplo de enseñanza definitiva, mientras que las que presentan otras secciones de la doctrina, son ejemplos de enseñanza interpretativa. Pocos eruditos han sido capaces de distinguir claramente estos dos niveles de enseñanza. Buda predijo que Nagaryuna los esclarecería sin sombra de error. Para ello se apoyó en el *Sutra de la Inteligencia Inagotable,* y en sus seis comentarios, donde explica la intención última del Buda de manera cristalina.

Budapalita en su texto del mismo nombre, y Aryadeva en sus *Cuatrocientos Versos,* depuran la visión de Nagaryuna. *Las Clarificaciones por medio de Palabras,* y el *Madhyamakavatara,* de Chandrakirti, refinan el texto de Nagaryuna, *la Raíz de la Sabiduría.* Estos textos son notorios por su inmaculada exposición de la visión correcta, o vacuidad.

A este propósito, el comentario de Pabongka Rimpoché señala lo siguiente:

Por lo tanto, vosotros y yo deberíamos seguir el excelente sistema del más elevado de los seres realizados, Nagaryuna, y de sus hijos espirituales. Deberíamos apoyarnos en los grandes textos del omnisciente Noble Tsongkhapa y en sus ilustres y maravillosas palabras. Tal y como señala *Entrar en el Camino Medio:*

No hay camino hacia la paz para los que se han apartado del sendero, del sistema enseñado por el Maestro Nagaryuna, han perdido las verdades, la convencional y la real.
Quienes han perdido las verdades no pueden ser libres.

El incomparable Atisha también ha dicho:

El estudiante de Nagaryuna fue Chandrakirti
Las instrucciones transmitidas por ellos
Te hacen ver la realidad, la verdad.

Puedes ver, pues, que este profundo punto de vista acerca de las cosas es indispensable tanto en las enseñanzas públicas como en las secretas.

El primer paso para despertar la sabiduría es identificar el objeto de negación, la idea errónea de la "existencia inherente". En el caso del yo, o persona, se califica el objeto de negación de manera diferente según sea la escuela filosófica budista que lo plantee, aunque hay un elemento común en todas ellas: constatan un objeto de negación burdo y uno sutil. Algunas de estas escuelas sostienen que un yo *estático, singular y autónomo* es el objeto de negación burdo del yo, mientras que el objeto de negación sutil sería un yo, o persona, que existe de manera *sustancial, que se autosostiene.*

En el caso de los fenómenos, para la escuela chitamatra, el objeto de negación sería creer que *el aprehendedor y lo aprehendido, sujeto y objeto, son de una sustancia diferente,* es decir que no provienen de una misma semilla kármica.

La escuela svatántrika, de la rama madhyamika, sostiene que el objeto de negación es cualquier objeto que exista de una forma *singular y única por su propio lado, sin necesidad de ser establecido por aparecer a una mente válida.*

Aunque estas diferentes escuelas aceptan el vacío, la ausencia de existencia inherente, hacen diferencias en relación al objeto de negación, burdo y sutil.

La escuela prasangika madhyamika, en cambio, sostiene que *todos* los fenómenos son imputados por la mera concepción sobre una base válida, y que *ni uno de ellos existe por su propio lado.* Según esta escuela el objeto de negación es siempre una entidad inherente, intrínseca, verdadera, genuina, por definición.

El rey de todos los métodos para experimentar el vacío de existencia inherente es entender la relación dependiente. La escuela prasangika madhyamika sostiene que tanto los fenómenos producidos como los no producidos, existen en base a una relación dependiente; el resto de escuelas, en cambio, sostienen que sólo los fenómenos producidos son una relación dependiente. Rechazan que los fenómenos no producidos también lo sean.

Pabongka Rimpoché clarifica este profundo punto en su comentario:

Las diferentes escuelas tienen diferentes maneras de explicar la "interdependencia". El grupo Funcionalista" sostiene que cuando algo es "interdependiente" se debe a que ha surgido de diversas causas y condiciones. Esta afirmación no les permite establecer la interdependencia de los objetos que son estáticos y no tienen causas.

El grupo "Independiente" tiene una manera un poco mejor de describir la interdependencia. Afirman que una cosa es interdependiente siempre y cuando existe dependiendo de sus partes. De este modo pueden establecer la interdependencia tanto de los objetos transitorios como de los objetos estáticos: tanto para los que tienen causas como para los que carecen de ellas.

La manera en que el último grupo, el que denominamos de la "Implicación", decide si algo es interdependiente o no es más sutil que todas las demás. Sostienen que algo es interdependiente cuando tenemos dos cosas —una base razonable sobre la que otorgar un nombre y una idea razonable que nominar— y la consecuencia es un objeto al que hemos dado un nombre.

Hay una buena razón para presentar la interdependencia, la interpretación de la causa y el efecto aceptada por todas las escuelas, aquí, justo al principio. En primer lugar impide que los estudiantes caigan en el extremo contrario, el de creer que si todas las cosas son vacías no pueden existir en absoluto. En segundo lugar, una comprensión correcta de la interdependencia conduce hacia la percepción de la vacuidad. Y así, concluyó nuestro Lama, existe un motivo crucial para presentar las instrucciones de la interdependencia al principio –son el primer peldaño para llegar a percibir la vacuidad–.

Cómo establecer la visión correcta de la vacuidad
(10)

Una persona ha entrado en el sendero que complace a los Budas cuando en todos los objetos del ciclo o más allá, ve que la causa y el efecto nunca fallan
Y cuando éstos pierden toda su sólida apariencia.

Todos los fenómenos, samsara y Nirvana, existen en base a causas y condiciones. Existen al ser imputados sobre una base adecuada. Esta comprensión nos aparta del aferramiento a la existencia inherente. Cuando aplicamos la razón de la relación dependiente a cualquier fenómeno éste "pierde toda su sólida apariencia".

Entender que un fenómeno no existe por su propio lado y que esto no se contradice con un modo de existencia dependiente, es seguir "el sendero que complace a los Budas".

Un fenómeno que sí existe en virtud de una relación causa y efecto sería, por ejemplo, el presidente de un país. La base de imputación del "presidente" son sus cinco agregados –su cuerpo y su mente- sumados al número de votos necesarios para ser elegido. A partir de entonces existe válidamente como "presidente". Si un "presidente" pudiera existir por sí mismo, de modo inherente, debería ser reconocido como tal desde el momento mismo de su nacimiento.

Es importante subrayar que la base de imputación para nominar un fenómeno debe ser la correcta. En el caso de un presidente, la imputación procede de la gente que le ha votado, no del sujeto mismo. Cuando Felipe González nació, ni su madre, ni sus amigos, le llamaban "presidente de España". Las cosas existen gracias a la base de imputación y al concepto. Pero la base de imputación debe ser válida y adecuada, sino podríamos llamar al cobre, oro y a un caballo, presidente.

Un *no producto,* como sería el espacio no obstructor, y el vacío, es algo que no cambia, no es producido por ninguna causa; existe exclusivamente gracias a la base de imputación y a la consciencia que imputa. "Espacio" es el nombre imputado sobre una base de designación: la ausencia de obstrucción (que permite ubicar un objeto).

Un nombre debe proyectarse sobre una base válida. Cuando se aplica una etiqueta -o nombre- sobre una base de imputación deben darse tres condiciones:

- El objeto debe ser conocido por una percepción convencional
- Ninguna otra percepción convencional puede contradecir su existencia
- Ningún análisis a nivel último debería tampoco contradecir su existencia

A este propósito Pabongka Rimpoché señala:

Ahora vamos a ver lo que significa que una percepción convencional ha sido negada por otra. Pongamos que estoy de pie mirando un espantapájaros que se encuentra a cierta distancia, alguien me dice, "allí hay un hombre" y le creo. Luego viene otro y nos dice "tan solo es un espantapájaros". Nuestra percepción inicial de que aquello era un "hombre" se desvanece. Esto indica que la base no era coherente con el nombre imputado.

Y todavía hay más —se puede ir de un lado a otro imputando todo tipo de nombres, podemos decir "los conejos tienen cuernos" pero esto no va a hacer que tales cuernos existan: no es una base coherente para otorgar una etiqueta. Por lo tanto, necesitamos un estado mental coherente y convencional que aplique un nombre a un conjunto racional de partes que actúan como la base a la que damos nombre —y que, en realidad, existe—.

De ese modo también cuando tenemos que nominar a alguien como gobernador de un distrito hace falta una persona apropiada para recibir el título —debemos tener una base coherente para otorgarle la etiqueta—. No escogeríamos a un analfabeto para nombrarle gobernador.

Si cualquiera de estas cosas existiera por su propio lado, no dependería del conjunto de partes que nominamos y cada una tendría que existir ya, por su propio lado. Pero esta no es su naturaleza: las cosas sólo pueden existir dependiendo de un conjunto de partes al que nominamos. Y por esto no existen por su propio lado, no existen genuinamente y no existen verdaderamente.

Podemos coger a algún dirigente local; será un dirigente mientras le llamemos "dirigente". No existe allí afuera, por su propio lado. Sin embargo, a nosotros, nos parece que el dirigente sí existe afuera, por sí mismo, y asentimos a esta apariencia. Un jefe que pudiera existir tal y como creemos es, precisamente, lo que no existe y queremos llegar a comprender.

La base de imputación y el término imputado son suficientes para establecer sin problema la existencia del sujeto, el objeto y la acción. No nos debemos alarmar ante el hecho de ver las cosas como "inherentes" cuando en realidad no lo son, porque incluso aquellos que ya han experimentado la vacuidad siguen teniendo la apariencia de "existencia inherente". Aunque, a diferencia de nosotros, ellos ya no tienen la concepción de "inherencia", de que existan del modo en que aparecen.

Si un edificio existiese por sí mismo, si existiera de modo "intrínseco", debería haberse autoproducido. Además, cuando un edificio está terminado, es su propietario quien lo define, "esto será la cocina, esto el comedor..." Sólo a partir de entonces son reconocidas sus partes por los demás. Por tanto, no existen por su propio lado.

El nombre que tenemos, el que nos pusieron nuestros padres y que nos identifica, es imputado sobre una base válida. Los fenómenos y, nosotros mismos, existimos de manera interdependiente, el problema es que nos vemos y los vemos como gozando de una existencia intrínseca o propia .

Por culpa de la *ignorancia que se aferra a la existencia inherente*, al relacionarnos con alguien que nos irrita creemos que una cualidad desagradable existe de manera innata en esa persona, y generamos aversión hacia ella. Cuando se trata de algo bello, creemos que la belleza reside en esa persona y no soportamos separarnos de ella. En ambos casos, bien sea por querer alejarnos o por querer estar cerca, creamos actos que producen malestar, frustración, sufrimiento. Para cambiar este escenario hemos de pensar que ningún fenómeno existe de forma inherente sino en base a un conjunto de causas y condiciones.

Nada existe de un modo intrínseco; ni tu "yo". En este caso se han unido dos elementos –tu cuerpo y tu mente- y se han nominado "yo". Esto es suficiente, y no existe un yo que no dependa de que sobre la base de tu cuerpo y mente, se confiera el nombre. Tal y como señala el comentario de Pabongka Rimpoché:

> Considera todos los objetos,
> Los del ciclo y los que están más allá.
> No tienen una existencia sólida y verdadera, como creo;
> no pueden existir por su propio lado,
> Porque son interdependientes.

Con respecto al objeto de negación, fácilmente se puede caer en el extremo del eternalismo, que significa nominar algo que no existe, o en el extremo del nihilismo, que es negar la existencia de algo que sí existe.

Todas las escuelas filosóficas budistas, a excepción de la prasangika madhyamika, caen en el eternalismo porque sostienen que debe haber algún tipo de entidad inherente en el fenómeno. Afirmar que si los fenómenos no existen por definición o de manera inherente no existen de ninguna otra manera, da lugar al nihilismo.

La visión de la relación dependiente nos aparta del nihilismo porque pone de manifiesto que, aunque los fenómenos no existan de manera inherente, sí existen dependiendo de determinadas causas y condiciones.

¿Qué tratamos de refutar al meditar en la vacuidad? No refutamos el objeto en sí, sino el objeto intrínseco que percibimos y concebimos en base a esa apariencia. El objeto que aparece no existe de manera inherente, pero lo que nosotros concebimos y percibimos, sí. Y este es el objeto de negación. La ausencia de dicho objeto de negación es la vacuidad donde uno debe emplazarse con concentración. Esto es lo que dice el comentario de Pabongka Rimpoché:

Lo mismo sucede cuando investigamos la idea del "yo". Supón que alguien te llama por tu nombre. En principio, el "yo" que aparece ante ti es el engañoso: piensas "me está llamando". Pero luego quien te llama dice: "Así que tú eres el ladrón", o algo parecido. Entonces el "yo" empieza a hacerse más y más fuerte. Empiezas a pensar ¿Por qué me señala con el dedo? No fui yo quien le robó. No puede culparme a MI". Empiezas a decir "yo, "yo", y el "yo" comienza a parecer un "yo" capaz de sostenerse por sí mismo, un "yo" muy vívido.

No estamos negando la existencia del "yo" corriente, engañoso, el que apareció al principio. Más bien, lo que estamos negando es que el "yo" pueda, de hecho, sostenerse a sí mismo, que el yo pueda existir intrínsecamente: Estamos negando cualquier "yo" que pueda existir de modo inherente, intrínseco o por definición.

Y cuando niegas este "yo", cuando te das cuenta que no existe. Cuando para ti este "yo" tan vívido que está allí afuera, por sí mismo, que no necesita apoyarse en la mente ni el cuerpo, cesa, todo lo que queda es la simple vacuidad del "yo", entonces, tal y como afirman los sabios has encontrado por primera vez la "visión del camino medio". Y así has encontrado el "sendero que complace a los Vencedores".

Cuando llevas a cabo este tipo de análisis y buscas ese algo que tiene nombre, no podrás encontrar ni un solo átomo de nada en el universo que exista por sí mismo. No obstante, todo el funcionamiento normal del mundo es bastante lógico y adecuado; unas cosas hacen posible que sucedan otras, las cosas sirven para lo que sirven, pero solo de un modo aparente, de un modo engañoso con el que estamos de acuerdo.

Sigue el mismo comentario diciendo:

Esto se aplica también al "yo" engañoso o relativo –sólo existe en la medida en que lo etiqueto con un concepto–. Todos tendemos a pensar en el "yo" como en algo más que la mera elección de un nombre; tenemos una vívida imagen mental del mismo como si estuviera allí afuera, por su lado, como un experimentador íntimo de sentimientos, placer, dolor, o lo que sea. Al estado mental que se aferra de tal modo a este "yo" le llamamos, "el aferramiento innato a un yo inherente", también llamado, "la visión innata destructible[10]". Este "yo" tan vívido que se sostiene a sí mismo y al que dicho estado mental se aferra, es la existencia inherente que hemos de negar.

Un fenómeno carece de existencia propia y, por consiguiente, aunque no existe desde su propio lado, sí existe como relación dependiente. Por tanto, es perfectamente posible establecer válidamente tanto al sujeto como a la acción que consuma. La persona tampoco existe por sí misma, es nominada sobre una base de imputación que permite establecer la validez del sujeto, del objeto y su actividad. De este modo podemos afirmar: "Yo soy oficinista, yo camino, yo como, yo medito... yo me ilumino".

La existencia nominal basta para establecer que un fenómeno existe. Que algo no exista de modo

---

[10] Un sinónimo de este completo término es falsa visión de lo compuesto y transitorio. Ver Estudio de la Mente de Gueshe Tashi, publicado por Ediciones Amara

inherente, no significa que no exista en absoluto. En realidad, que un fenómeno *no exista de modo inherente*, pero *sí exista dependiendo de otros factores*, son dos realidades complementarias. Penetrar en el significado de la vacuidad y la relación dependiente nos animará a observar con más cuidado la ley de causa y efecto.

Una planta depende de su semilla, si tuviera una existencia inherente como planta, aparecería de forma espontánea, sin necesidad de una simiente, un suelo fértil o del agua que la hidratará. Esa semilla, a su vez, procede de un plantel.

Una persona pasa a lo largo de su vida por diferentes etapas: la niñez, la infancia, la juventud, la madurez y la vejez. Si estas etapas tuviesen existencia propia y no dependieran unas de otras, serían estáticas; el niño siempre sería niño y el anciano siempre anciano, lo cual es absurdo. También el ser permanecería siempre en el mismo estado ordinario y no podría llegar a la Iluminación.

El rey de todos los razonamientos es la relación dependiente porque comprenderlo nos libera de caer en los dos extremos: nihilismo y eternalismo. Si entendemos que las cosas *dependen* unas de otras para existir, nos liberamos de caer en el eternalismo, es decir de creer que si algo "existe" debe hacerlo intrínsecamente. Y también del nihilismo; es decir de creer que si algo no existe intrínsecamente significa que no existe en absoluto. Estas dos comprensiones se complementan mutuamente, y constituye la característica primordial de la presentación de la visión correcta, según Lama Tsong Khapa.

Lama Tsong Khapa señala en su texto, *Alabanza al Maestro Insuperable, el Buda Bhagawan, por enseñar lo Profundo por medio de la relación dependiente*:

"Ni rastro de existencia intrínseca" y "en dependencia
de esto surge aquello",
Los dos se pueden establecer correctamente
Y es innecesario decir que existen a la vez, sin contradicción.

*El límite que indica que el análisis no se ha completa-
do:*

(11)

No habrás comprendido el pensamiento de los Sabios,
mientras estas dos ideas te parezcan dispares:
La apariencia de las cosas –la infalible interdependencia– y la vacuidad– más allá de posicionarse.

Para entender el vacío, en realidad, investigamos el
modo en que existen los fenómenos y el modo en que
aparecen. Si el análisis es impecable y entendemos la
relación dependiente, experimentaremos la vacuidad.

Algunos Maestros de antaño, tanto de la India como
del Tíbet, estaban convencidos de que el significado
de la vacuidad y el de la relación dependiente eran
contradictorios. Para ellos, la misma base no podía
ser una *relación dependiente*, y a la vez, estar *vacía*.
Creían, equivocadamente, que la vacuidad y la relación
dependiente no podían coexistir.

Mientras veamos contradicción entre la relación dependiente de cualquier fenómeno y la vacuidad, nuestra
visión no será perfecta. Debemos intentar refinar más y
más nuestro conocimiento basándonos en enseñanzas
autenticas, procedentes de Maestros de contrastado
linaje. A lo largo de la historia del budismo, muchos
estudiosos se han llevado a error respecto a estos dos
puntos clave, y aún hoy persiste el equívoco. De nuevo

recurrimos al comentario de Pabongka Rimpoché para aclarar este punto:

Lo que dice el verso, concluyó nuestro Lama, es lo siguiente: "Supón que tienes realmente una comprensión de esos dos conceptos a nivel individual: 1) *la apariencia de las cosas* –la interdependencia– y 2) *la vacuidad* –el hecho de que nada existe de modo inherente–. Pero supón que se te antojan características contradictorias –crees que ningún objeto puede poseer uno y otra al mismo tiempo–.

"*Considera estas dos ideas:* 1) *la interdependencia infalible*, en que las causas (es decir, los actos) de una determinada naturaleza deben siempre conducir a resultados (consecuencias) del mismo tipo; y 2) *la vacuidad*, la idea *más allá de posicionarse* –el hecho de que ningún objeto del universo tiene un solo átomo de algo que pueda existir por sí mismo.

"Mientras se *te aparezcan* de este modo –mientras las *dos ideas* se te antojen *dispares* mutuamente excluyentes, como caliente y frío, *no habrás comprendido* perfectamente la idea última *del pensamiento de los Sabios*, de los Budas".

El límite que indica que el análisis se ha completado
(12)
A partir de un punto, dejan de alternarse, vienen juntas.
El mero hecho de entender que la interdependencia nunca falla, te lleva a una comprensión capaz de destruir la manera en que te aferras a los objetos.
Así tu análisis basado en la visión es completo.

Profundizando en el análisis alcanzamos un grado en el que no hay otra alternativa posible, excepto armonizar la relación dependiente y la vacuidad.

Cuando comprendemos que sobre una misma base pueden cohabitar una y otra, como la pimienta y su sabor picante, y que la etiquetación del fenómeno establece válidamente al sujeto, al objeto y la acción, se habrá consumado la intención última del Buda. Es decir, cuando piensas en la vacuidad comprendes la relación dependiente, y cuando piensas en la relación dependiente comprendes la vacuidad. El comentario de Pabongka Rimpoché señala:

> Comprenderás que el tema central de la interdependencia es que nada existe intrínsecamente. Y este hecho, que nada existe de un modo intrínseco, tiene el poder para conducir tu mente hacia la experiencia estable y segura de que la interdependencia nunca falla.

La característica especial prasangika madhyamika
(13)

Además, la apariencia impide el extremo de la existencia; la vacuidad, impide el de la no existencia.
Y, si entiendes que la vacuidad se pone de manifiesto en la causa y el efecto,
Nunca serás arrastrado por los puntos de vista extremos.

"La apariencia impide el extremo de la existencia; la vacuidad impide el de la no existencia", quiere decir que a pesar de que las cosas aparecen ante nuestras consciencias, dichas apariencias carecen de existencia intrínseca y, por tanto, son dependientes. ¿Cómo puede la apariencia estar vacía de existencia intrínseca? Porque no existe de forma independiente sino dependiendo de algo.

La exposición que presenta la escuela prasangika carece de fallos y defiende que aunque los fenómenos *no* existen de manera inherente, no significa que *no existan en absoluto*; puntualiza que sí existen, pero dependen de la imputación: Nada existe de modo inherente a la vez que todo existe de modo interdependiente.

Las escuelas inferiores ven contradicción en estos puntos, defienden que si algo existe debe hacerlo por su propio lado, y si no existen de dicho modo, es que no existen en absoluto.

En el *Sutra del Corazón* recitamos "la forma es vacía y el vacío es forma", el verdadero sentido de esta oración es recordar que los fenómenos son vacuos, pero que lo vacuo se manifiesta como una relación dependiente.

El comentario del excelso Lama, Pabongka Rimpoché, afirma:

> Todas las escuelas, excepto la de los miembros del grupo "Implicación", sostienen que comprender la apariencia de las cosas te impide caer en lo que se conoce como el "extremo de pensar que las cosas no existen". Mientras que comprender la vacuidad te impide caer en lo que se conoce como el "extremo de pensar que las cosas sí existen".
>
> Sin embargo, la posición del grupo Implicación, es que ningún objeto que puedas imaginar tiene una existencia intrínseca o verdadera, aparte de esa mera apariencia. Comprender este hecho te impide caer en el extremo de

pensar que las cosas existen –es decir, que existen en un sentido último. Y debido a que esta mera apariencia misma no puede existir por sí misma, comprender la vacuidad te libra de caer en el extremo de pensar que las cosas no existen –es decir, que no existen convencionalmente.

Y también:

Los auténticos sabios de la escuela del Camino Medio hacen una cuádruple distinción: afirman que nada existe de modo inherente, pero no dicen que las cosas no existan para nada; todo lo que existe es una mera convención, aunque todo existe sin existir de un modo inherente.

La escuela prasangika sostiene que la mera apariencia elimina el eternalismo, que el fenómeno exista intrínsecamente; y el hecho de que un fenómeno no exista de modo intrínseco elimina el extremo del nihilismo –pensar que las cosas no existen a nivel relativo o engañoso.

Si algo existe de manera dependiente carece de existencia intrínseca, no hay más alternativas. Todo existe en dependencia de otras cosas. Es decir, todo existe en dependencia de un conjunto de partes que sirven como base para recibir nuestra etiqueta. Del mismo modo que un frágil anciano depende de su bastón para incorporarse y caminar, porque no es autosuficiente. Una montaña, una casa, aunque parezcan sólidas e inamovibles dependen de algo, necesitan causas para existir.

La vacuidad y la relación dependiente han de comprenderse, precisamente, como una relación de causa y efecto. El propio Lama Tsong Khapa cayó en el mismo error que confundió a tantos otros eruditos, pero recibió consejos directamente del Buda Manyushri que le instó a seguir los textos de Nagaryuna y Chandrakirti para entender de manera correcta la vacuidad. Además le dio una práctica especial: generar mérito, purificar karma negativo y acostumbrarse a verse a sí mismo, al Maestro y al Yidam de igual naturaleza.

Entender la visión correcta no es fácil ya que depende de estos tres requisitos, y exige escuchar incansablemente instrucciones al respecto. En realidad, Lama Tsong Khapa ofreció cientos de miles de Mandalas y postraciones para acumular el mérito necesario para obtener una comprensión perfecta.

Las escrituras afirman que todos los fenómenos son una ilusión. Esta frase ha sido fuente de malos entendidos a lo largo de los siglos, y aún hoy es malinterpretada por muchos eruditos; confunden "ilusión" con "no existencia" y caen en una visión extrema. En la televisión aparecen constantemente imágenes agradables, desagradables o neutras. Al verlas, relajados en el sofá, no las vemos como relaciones dependientes, sino que a menudo nos creemos lo que vemos en la pantalla hasta el punto de emocionarnos, pasar miedo o partirnos de risa ¿Existe realmente esa persona que despierta temor o ternura, tal y como la veo en la tele? Todos sabemos que no, las imágenes no existen tal como aparecen, están vacías de existir por sí mismas porque dependen de infinidad de causas como un decorado, un guión, un cámara, un actor... Pero nos producen emociones y creamos karma.

Sin conocer correctamente el significado del vacío, por más que te empeñes en meditar en una creación propia que hayas proyectado del mismo, no tendrás experiencias espirituales. No transformarás tu manera de actuar y tu karma.

Ahora, ante un objeto atractivo generamos apego, si nos parece desagradable sentimos aversión, y si es neutro, ignorancia. Pero estos estados mentales engañosos surgen porque nos aferramos a una existencia que percibimos inherente en esa condición específica del objeto. No obstante, se puede aplicar un antídoto concreto para contrarrestar cada una de las mentes engañosa particulares que surgen. Contra el odio, aplicamos amor o paciencia, contra el apego, analizamos los aspectos repulsivos del objeto que lo provoca, o su impermanencia. Sin embargo, aplicando el antídoto, el engaño solo desaparece temporalmente.

La raíz de todo engaño es el aferramiento a la existencia intrínseca: Nos aferramos a un yo que pensamos tiene existencia propia, y por defender este falso yo, creamos karma negativo. Para erradicarlo de forma definitiva es imprescindible meditar en la vacuidad. Pero antes hemos de identificar el mecanismo a través de cual nuestra ignorancia se aferra al yo. Como se ha dicho, no se trata de negar ese yo que, una vez analizado, identificamos como dependiente, sino el yo que, de forma innata, concebimos como existiendo por sí mismo.

Exhortación a la práctica, una vez se comprende el texto

(14)

Cuando hayas entendido tan bien como yo los puntos esenciales de cada uno de los tres senderos principales explicados, entonces, hijo mío, aíslate.

Haz vigorosos esfuerzos por alcanzar tu deseo último con celeridad.

El orden a seguir para adentrarse en una buena práctica de Dharma debe ser: escuchar, contemplar y meditar. Para practicar el Dharma hemos de conocerlo en profundidad, de ahí la importancia de escucharlo. Sin escuchar no se puede meditar, careceríamos de alimento con el que nutrir la meditación. Dicen las escrituras que sería como tratar de escalar una montaña sin brazos. Escuchar el Dharma nos proporciona la luz que elimina la ignorancia y nos sirve de apoyo cuando topamos con dificultades.

Escuchando enseñanzas reunimos el material necesario para contemplar su significado; pensamos una y otra vez, analizamos desde todos los ángulos su sentido y eliminamos dudas, conceptos erróneos y malas interpretaciones. Así se adquiere la sabiduría que surge de escuchar y contemplar.

Entender los puntos esenciales implica comprender con precisión objetos de estudio como la renuncia, la bodhichita y la visión correcta. Lo conseguimos repitiendo una y otra vez el ritual de escuchar. Después, investigamos estos objetos valiéndonos de la sabiduría que surge de la contemplación. Una vez atesoramos la convicción profunda e íntegra del significado de todos ellos, el texto nos aconseja retirarnos a meditar.

"Hijo mío, aíslate, haz poderosos esfuerzos para alcanzar tu deseo último con celeridad". "Hijo mío" así es como se dirige Lama Tsong Khapa a su discípulo más próximo.

Tenemos dos tipos de retiro: del cuerpo y de la mente. El primero consiste en separar el cuerpo de las actividades mundanas; y el segundo busca apartar la mente de conceptos erróneos. Durante el período de retiro es importante tener pocos deseos, contentarse con lo mínimo y reducir las tareas para poder concentrar todas las energías en la meditación, y dedicarle esfuerzo y perseverancia.

Es bueno retirarse de vez en cuando para profundizar en la práctica de Dharma, porque cuando estamos inmersos en la vorágine de la vida cotidiana, de una forma u otra, la mente se agita y se expone a multitud de estados mentales engañosos. Milarepa y otros grandes yoguis del pasado se retiraban a lugares aislados con el objetivo de despertar la Permanencia Apacible, el máximo exponente de la concentración.

Para hallar la calma y el aislamiento mental no basta con apartarse de la multitud, porque la mente puede continuar ocupada en sus pensamientos habituales. Hemos de intentar apartarla de aquellas concepciones e ideas que no tengan que ver con la práctica, y evitar así que se distraiga. Tsong Khapa nos anima a esforzarnos, es decir, a entregarnos con alegría y entusiasmo a la práctica del Dharma.

"Alcanza tu deseo último con celeridad". Esa celeridad significa dejar de posponer el momento de empezar la práctica, ya que no sabemos cuándo nos sorprenderá la muerte. El esfuerzo que apliquemos deberá ser equilibrado y constante. El viejo Gueshe Kadampa Topowa dijo:

Mira a lo lejos, piensa a lo grande y mantén el compás.

La primea frase te indica que tu objetivo no es otro que la Budeidad; la segunda, te anima a esforzarte sin caer en el desánimo; y la tercera te dice, mantén un esfuerzo constante y dale un sentido trascendente a tu cuerpo.

Conclusión

Al final, los versos compuestos por Lama Tsong Khpa, concluyen con este colofón:

Estas instrucciones le fueron impartidas a Ngawang Drakpa, un religioso del distrito de Tsako, por un sabio y cultivado monje budista, el glorioso Lobsang Drakpa.

Para un estudio más directo y profundo de libros como el que acabas de leer puedes visitar:

www.escuelalaicadebudismoymeditacion.es
www.edicionesamara.com